設題解説

憲　　法(二)

青　柳　　馨　監修

はしがき

本書は、「法曹」第五一二号から第六九三号に連載した「法律研修講座（憲法）」を取りまとめたものである。刊行にあたり、本講座が、最高裁判所（裁判所職員総合研修所）の著作物につき、その許可を得たうえで、青柳馨先生に監修をお願いした。

また、監修にあたっては、「憲法規範の特質」、「基本的人権」、「統治機構」の順に配列し、用語や概念の統一を図ったほかは、できる限り原著者の執筆を尊重したが、「法曹」掲載から相当期間経過し、その間選挙制度の改正が行われ、投票価値の平等に関し新たな判例の形成がみられた部分に加筆修正をほどこした。

この設題解説は、憲法を体系的に叙述するものではなく、設題として初学者がまず理解しておくべき憲法上の一般的、基本的と思われる問題を取り上げ、具体的事案に即して、おおむね判例、通説の立場から平易に解説したものである。

本書が、教科書で学んだ知識を深めるうえで、多少なりとも役に立てば幸いである。

平成二十七年一月

一般財団法人　法　曹　会

監修にあたって

「法律研修講座（憲法）」として連載された「設題解説」を取りまとめるにあたっては、①憲法規範の特質、基本的人権（基本的人権に係わる一般的な問題点、自由権、参政権、社会権）、統治機構（国会、内閣、裁判所、地方自治、憲法の保障）の順に配列し、②原著者の執筆をできる限り尊重し、用語や概念の統一を図るほかはあえて手を加えないことを原則としてこれを行い、③巻末に「事項・条文・判例」を添付することとした。ただ、第9章の「選挙権と法の下の平等」については、「法曹」に掲載された時点から時間が経過し、その間の平成一六年に衆議院議員について中選挙区単記投票制から小選挙区比例代表並立制へと選挙制度の改正が行われ、また、投票価値の平等に関し新たな判例の形成がみられることから、大幅に加筆修正した。

青柳　馨

目　次

第8章　財産権の保障……97

第15章　地方公共団体の条例制定権……186

第1章　憲法の最高規範性の意義とその保障

【設　題】

憲法の最高規範性の意義と日本国憲法下におけるその保障のための制度について説明しなさい。

【解　説】

一　はじめに

近代的意味における憲法の内容を最も端的に明らかにしたのが、一七八九年のフランス人権宣言の第一六条であり、そこには「すべての権利の保障が確保されず、権力の分立が定められていない社会は、憲法を有するものではない。」と述べられています。このことから明らかなとおり、現代において憲法が制定され存在する目的は、国家権力の作用を異なる機関に分属せしめ、権力の濫用を防止することによって、国民の基本的人権を保障することにあるといえます。

したがって、本設題では、前記のような憲法の目的—国民の基本的人権の保障—を踏まえ、右の目的を実質的根拠とする憲法の最高規範性の意義について明らかにした上で、それを保障するための制度として、日本国憲法下で予定されているものについて論じることを求められています。

二　憲法の最高規範性の意義

憲法が最高規範であるとは、国法の体系のうちで、最高の段階に位し、最も強い形式的効力——憲法がそれ以外の国法形式による改廃の対象とはなり得ず、その改正には通常の立法手続と異なる特に厳重な手続が要求され、憲法規範と矛盾する一切の国法の効力を認めないという効力——を持つことを意味します。換言すれば、厳密には憲法の最高規範性は、硬性の成文憲法の場合にのみ妥当し、逆に硬性の成文憲法であれば当然に最高規範であるということになります。

そして、日本国憲法は成文憲法であり、かつ、憲法九六条において憲法改正について特別の厳重な手続を規定している硬性憲法であるから、当然に最高規範であるといえます。したがって、日本国憲法の最高規範性という点では、特に第一〇章で「最高法規」の章を設け、九八条一項で、「この憲法は、国の最高法規であって、その条規に反する法律、命令、詔勅及び国務に関するその他の行為の全部又は一部は、その効力を有しない。」と規定するまでもなかったといえます。それにもかかわらず、このような規定が設けられたのは、国家機関及び一般国民に、最高法規を尊重し、遵守することの重要性を自覚させようとしたためと思われます。

また、日本国憲法の「最高法規」の章の冒頭に、基本的人権の本質に関する九七条がおかれていますが、これは、前述のとおり、日本国憲法の最高規範性の実質的根拠が、何よりも人権の実現にあることを明確にしようとする趣旨であろうと解されます。

三　最高規範性の保障の意義と必要性

前記二のとおり、日本国憲法は硬性の成文憲法ということから当然の帰結として最高規範性が認められ、かつ、そのことを明文でもって規定しているとはいっても、それだけで現実社会において憲法の最高規範性が保障されるというわけではありません。例えば、行政府が憲法規範を無視して行政処分に及んだり、立法府が違憲の法律を制定することもあるでしょう。また、司法府が憲法を無視した判断を下すことも考えられます。これらは最高法規である憲法に違反している以上、理論的には無効な処分、無効な立法、無効な判断ということになりますが、現実にこのような違憲の処分等がなされた場合に、理論的に無効だからといってこれらの違憲処分等を放置しておいては、憲法の最高規範性の実質的根拠である人権の実現ということは画べいに帰し、憲法制定の目的を達成することは到底できません。そこで、憲法の最高規範性を実質的にも保障するためには、これらの違反が行われた場合には、違憲の処分等を排除して憲法秩序を回復するための手当がなされている必要がありますし、そもそもこのような違憲の処分等がなされないように予防することもまた必要でしょう。憲法の最高規範性の保障とは、このように憲法違反の処分等がなされることに対する予防と、いったんなされた憲法違反の処分等によって侵害された憲法秩序回復のための制度を設けることを意味します。

以下において、日本国憲法の下における憲法の最高規範性の保障について、まず憲法がその最高規範性の保障を直接の狙いとして予定しているものを検討し、次に間接的に憲法保障を目的として予定しているものを吟味し、最後に憲法に明文の規定がないが解釈上認められる手段について検討してみることにしましょう。

四　裁判所の違憲法令審査権

日本国憲法は、八一条で「最高裁判所は、一切の法律、命令、規則又は処分が憲法に適合するかしないかを決定する権限を有する終審裁判所である。」と規定し、裁判所に、いわば「憲法の番人」として、他の国家機関による憲法違反に対して、憲法の最高規範性を保障する役割を果たさせることを意図しています。また、裁判所がこのような違憲法令審査権という権限を有していること自体が、他の国家機関の行動を慎重にさせ、違憲行為を予防するという機能をも果たしているといえるでしょう。ただ、この八一条で規定する違憲法令審査権には、次に述べるような限界が存在します。まず第一には、争いはあるけれども、裁判所は、具体的事件について、訴訟が提起されるのをまって、受動的に、しかも、提訴された事件との関連において、その前提として、国家行為の合憲性について、審査を行うべきであって、具体的事件と関係なしに、進んで一般的に国家行為の合憲性を審査・決定することはできないとされる点です（いわゆる附随審査制）。これは、憲法八一条は、アメリカ流の司法裁判所による違憲審査の制度を明文で定めたものと解する立場で、最高裁もこの立場によっています（最判昭和二七年一〇月八日・民集六巻九号七八三頁）。

第二は、違憲法令審査権は司法権の一権能と位置づけられることから、司法権の限界が違憲法令審査権の限界ということになります。この司法権の限界として、一般的には自由裁量と統治行為があげられます。前者は、行政処分が、その権限を有する行政庁の自由裁量の範囲に属する場合は、その行政処分は、裁判所の判断の対象にならないということです。また、後者は、国家機関のうち、高度の政治性を有する行為であって、その性質上、裁判所の法的価値判断の対象とするには適さないものを統治行為と呼び、この統治行為には司法審査権は及ばないというものです。どの範囲の行為がこれらの限界事由に該当するかについては争いがあるものの、最高裁はいずれも司法権の限界事由に当たること自体は認めています（前者について最判昭和四二年五月二四日・民集二一巻五号一〇四三頁等、後者について最判昭和三五年六月八日・民集一四巻七号一二〇六頁等）。

五　憲法尊重擁護義務

憲法九九条は、「天皇又は摂政及び国務大臣、国会議員、裁判官その他の公務員は、この憲法を尊重し擁護する義務を負ふ。」と規定し、公務員の憲法尊重擁護義務を明記しています。これは、これら公務員が国政の運営に当たり、憲法の運用に直接又は間接に関与する立場にあることに鑑み、その憲法尊重擁護義務を特に明記して強調することで、憲法の最高規範性を確保しようとする趣旨から設けられたものと考えられています。もっとも、この義務自体は、一般に、法律的義務というよりはむしろ道徳的要請を規定したものと解されています。

なお、この規定の趣旨に基づき、国家公務員法九七条及びそれに基づく政令は、公務員に憲法遵守の宣誓を要求しています。このように、この憲法尊重擁護義務は、憲法違反行為を予防することに重点があるといえるでしょう。

六　権力分立制

権力分立とは、国家の作用又は機能をその性質に応じて立法・行政・司法に分け（権力の区別）、それぞれ異なる機関に担当させ（権力の分離）、機関相互間の抑制を通じて均衡を保つ（抑制と均衡）ことによって、権力の集中と濫用を防止し、国民の人権を保障することを目的とする原理をいいます。日本国憲法も、「国会は……国の唯一の立法機関である」（四一条）、「行政権は、内閣に属する」（六五条）、「すべて司法権は、最高裁判所及び……下級裁判所に属する」（七六条一項）、「すべて裁判官は、その良心に従い独立してその職権を行い、この憲法及び法律にのみ拘束される」（七六条三項）と規定し、権力分立の原理に立脚することを明らかにしています。この権力分立制は、直接的には国家権力による国民の権利が侵害されないよう、権力相互間における抑制と均衡を図るものですが、それは、憲法の最高規範性の実質的根拠の保障を図ることにほかならず、したがって、この権力分立は、間接的かつ予防的に憲法の最高規範性を保障する制度であるということができるでしょう。

もっとも、この権力分立制による憲法の最高規範性の保障にも限界があります。すなわち、日本国憲法の下では、内閣は国会の信任に依拠して形成・維持されていることから（六七条一項、六八条、六六条三項、六三条、六九条）、国会において多数議席を獲得した政党が、事実上国会のみならず内閣もその支配下に置くこととなります。また、最高裁判所の長たる裁判官の指名権及びその他の裁判官の任命権は内閣に属していることから（六条二項、七九条一項）、ある政党が長期間にわたって内閣を支配することによって、人事権を通じて、内閣の影響力が最高裁判所に及ぶようになることがあり得るのです。このように事実上の権力集中が現出することによって、権力分立制による憲法の最高規範性の保障が実効性を失ってしまう危険があります。

七　国民による最高規範性の保持

これまで検討してきた憲法の最高規範性の保障手段は、いずれも限界を抱えており、憲法の番人として予定されている裁判所すら万能ではありません。しかも、前述のとおり、裁判所自身による憲法違反の可能性もまた否定できません。そこで、これらの憲法保障手段のほかに、最後の砦として憲法の最高規範性を保障すべく予定されているのは、ほかでもない憲法制定権力の担い手である国民自身であるということがいえます。日本国憲法も一二条において、憲法の最高規範性の実質的根拠である憲法の保障する国民の自由及び権利について、国民が不断の努力によって保持すべきことを呼びかけています。すなわち、国民は表現の自由（二一条）を駆使し、また、最高裁判所裁判官に対する国民投票の権利（七九条二項）や選挙権（一五条三項）を適切に行使することによって、事前及び事後的に憲法の最高規範性を保障することが期待されているのです。

八　抵抗権

　ところで、以上の憲法保障の制度は、いずれも基本的にはノーマルな平和状態を想定したものです。しかしながら、ワイマール憲法下におけるナチス政権の例にあるように、政府による著しい権力濫用により憲法秩序が完全に破壊されてしまうなど異常な例外的事態が発生する場合も考えられます。このような場合の非常手段的憲法保障の制度として、国民が自ら実力をもって政治権力に抵抗し、憲法秩序の回復を図る権利（いわゆる抵抗権）が認められるかが問題となります。日本国憲法は、この抵抗権について明示的に保障してはいないものの、一二条で「国民の不断の努力によって、これを保持しなければならない」と規定し、九七条で「現在及び将来の国民に対し、侵すことのできない永久の権利として信託されたものである」として、基本的人権の保障に対する国民の責務を規定していることからすれば、自然権を基盤とする実定法上の権利として許容されているものと解する余地があるとする立場があります。もっとも、この抵抗権が認められるとしても、その行使を安易に認めることは、かえって憲法秩序を破壊する危険があるので、その成立・行使の要件は厳格に解されるべきであり、前述のノーマルな平和状態を想定した憲法保障の一切の法的手段がもはや有効に目的を達成する見込みがなくなり、憲法秩序再建のための最後の手段として、抵抗権の行使のみが残されているという、極めて限定的な場合のみ許容される憲法保障の手段ということになるでしょう。

第2章　憲法の基本的人権に関する規定の意義

【設　題】

日本国憲法において、基本的人権に関する規定が設けられているのは、なぜか。簡潔に説明しなさい。

【出題の意図】

日本国憲法は、日本国の統治の機構に関する諸規定と基本的人権の保障に関する諸規定から成り立っています。これらの規定は、それぞれ、歴史的な経緯あるいは事項それ自体の重要性から、憲法上も成文で規定されています。本問は、これらのうち、基本的人権に関する諸規定が日本国憲法に設けられている理由を問うもので、基本的人権に関する最も基本的な理解の度合を問うものです。

ところで、日本国憲法において基本的人権に関する規定が設けられている理由は、様々な角度から分析・検討することが可能です。それゆえに、この問題に対する解答も十人十色のものであり得るものと予想されます。しかし、この問題を考える上では、基本的人権の意

義、存在理由、種類に対する考察に加えて、
① 基本的人権の保障が憲法（とりわけ成文憲法）により規律されてきた歴史的経緯
② 基本的人権それ自体の至上的な重要性
③ 憲法の最高規範性との関係
④ 国際協調主義との関連
について考察することが必要ですし、これらの事項が日本国憲法のどの条項の中で具現化されているかを確実に把握することが必要だと思われます。とりわけ、②及び③の各事項について論及することは、不可欠であるといえましょう。
本問では、以上の点につき、十分な認識・理解が修得されているかどうか、それが答案として過不足なく表現されているかどうかに留意すべきです。

【解　説】

一　基本的人権の意義

憲法一一条は、「国民は、すべての基本的人権の享有を妨げられない。この憲法が国民に保障する基本的人権は、侵すことのできない永久の権利として、現在及び将来の国民に与へ

られる。」と規定し、また、憲法九七条は、「この憲法が日本国民に保障する基本的人権は、人類の多年にわたる自由獲得の努力の成果であって、これらの権利は、過去幾多の試錬に堪へ、現在及び将来の国民に対し、侵すことのできない永久の権利として信託されたものである。」と規定して、基本的人権の不可侵性・恒久性を宣言しています。

基本的人権が不可侵の権利であることの法的根拠については、様々な考え方がありますし、後記のとおりの基本的人権の種類に応じて、その根拠を分けて理解するのが普通の考え方です。

まず、自由権的な基本権に関しては、自然権説と呼ばれる考え方が最も有力な考え方です。基本的人権が自然権であるという意味は、基本的人権は、人間が人間であることそのこと自体から当然に認められる権利であって、憲法や判例法を含めた法律の規定の有無にかかわらず、厳に権利として存在するものだという意味です。この自然権説に従うと、憲法一一条において、基本的人権が「国民に与へられる」という表現を採り、また、憲法九七条において「この憲法が日本国民に保障する基本的人権」という表現を採っていても、基本的人権は、日本国憲法によって初めて「与へられ」又は「保障」される権利であると解釈すべきではなく、日本国憲法は、成文憲法として成立する以前から存在している基本的人権について、日本国憲法においても不可侵・恒久の権利だと承認し、確認し、宣言しているのだという解釈をすべきことになりましょう（宮沢俊義『憲法Ⅱ〔新版〕』二一一頁）。

また、社会権的な基本的人権は、その発生及び法的承認が歴史的にみて比較的新しいものであり、産業革命後の近代経済社会の一定の成長に伴う様々な弊害が自然権としての基本的人権の実質的な享受の妨げになることがあり得ることを前提に、自然権としての基本的人権を近代以後の社会においても万民が享受できるようにするため、いわば、自然権的な基本的人権を補助するものとして存在しているものだと考えられています。

他方、参政権は、第一義的には、国家の統治機構に関する最終的な決定権を国民に保障するものではありますが、そのような決定権を国民が握っていることは、自然権としての基本的人権の保障のための物理的な防御装置を国民が持っているのだということを意味します。したがって、参政権もまた、自然権としての基本的人権を保障するという側面を有していることになります。

このように、一口に基本的人権といっても、その内容的な相違に応じて、その存在の法的根拠が異なることになりますが、結局は、すべての基本的人権が、究極的には、人間としての尊厳の保障という法律以前の根本的な目的のために存在しているのだということがいえましょう。

二　基本的人権の内容

では、日本国憲法が不可侵で恒久の権利だと宣言している基本的人権は、どのような内容の権利なのでしょうか。これについては、憲法学又は政治学上、様々な分析あるいは分類が可能と思われますが、日本国憲法の立法形式に即して整理してみると、次のとおりに分類することが可能です（大須賀明ほか『憲法講義2基本的人権』一四頁）。

(1)　包括的な人権に関する総則的規定
①　個人の尊厳と幸福追求の権利（幸福追求権）（一三条）
②　法の下における平等（一四条、二四条）

(2)　自由権に関する規定
Ⅰ　精神的自由
①　思想及び良心の自由（一九条）
②　信教の自由（二〇条）
③　集会・結社及び表現の自由（二一条）
④　学問の自由（二三条）
Ⅱ　人身の自由

① 奴隷的拘束及び苦役からの自由（一八条）
② 刑事手続における適正手続の保障（三一条、三九条）
③ 被疑者及び被告人の権利（三三条～三八条）
Ⅲ 経済的自由
① 居住・移転・職業選択の自由（二二条）
② 財産権の保障（二九条）
(3) 社会権に関する規定
① 生存権（二五条）
② 教育を受ける権利（二六条）
③ 勤労の権利（二七条）
④ 労働基本権（二八条）
(4) 参政権に関する規定
① 公務員の選定・罷免権（一五条）
② 請願権（一六条）
(5) 受益権（国務請求権）に関する規定
① 国家賠償請求権（一七条）

②　裁判を受ける権利（三二条）
③　刑事補償請求権（四〇条）

以上のほか、いわゆる「新しい人権」として、プライバシーの権利（プライバシー権）、肖像権などもありますが、これら「新しい人権」と呼ばれている基本的人権も、憲法の各条文たとえば憲法一三条に規定する幸福追求権の解釈論として導き出されるという考え方が一般的な考え方です。

三　日本国憲法において基本的人権に関する規定が設けられている理由

日本国憲法において基本的人権に関する規定が設けられている理由は、様々な切り口から検討することが可能です。

1　歴史的な経緯

第二次世界大戦の後に日本国憲法が成立する以前の時点においては、日本国の基本法は、「大日本帝国憲法」でした。

大日本帝国憲法は、天皇を中心とした立憲君主制的な政治システムを前提にした憲法です。大日本帝国憲法においても、国民は、天皇の臣民として、一定の範囲内での憲法上の権利が認められておりました。しかし、そこで認められていた権利は、いずれも、憲法よりも下位の規範である法律又は命令によって制限することが可能なものとして規定されていました。これを「法律の留保」といいます。法律の留保付きの権利は、法律又は命令によって、いつでも制限され得るものですから、そのような権利は、法律以前に存在する不可侵の権利としての基本的人権としての特徴を備えているということはできません。

要するに、大日本帝国憲法の体制下においては、国民は、基本的人権の享有を認められてはいなかったというように理解することができます。そして、基本的人権を尊重しなかったことが、ひいては第二次世界大戦の惨禍をもたらしたという理解を前提にして、日本国憲法は、基本的人権の尊重と日本国の平和国家としての再建を最大の目的として制定されたのです。

なお、日本国憲法の前文は、その文言上、基本的人権の尊重に関して明確に宣言しているわけではありませんが、自由のもたらす恵沢を確保すること、専制と隷従、圧迫と偏狭を地上から永遠に除去すべきことを宣言していることから、基本的人権の尊重を強調するものだと解釈すべきだとされています（伊藤正己『憲法（新版）』六一頁）。

2　至上の権利としての基本的人権の重要性

先に説明したとおり、基本的人権とりわけ自由権は、人間が人間であることから当然に享有することのできる自然権であり、不可侵・恒久の権利です。したがって、観念的には、日本国憲法において明文で基本的人権に関して規定がなされていなくても、基本的人権は、厳然として存在するはずなのです。

しかしながら、基本的人権が自然権であるといっても、それが成文法によって明確に宣言されていなければ、時の為政者によって簡単に踏みにじられてしまうかもしれない危険性があることは、名誉革命、フランス革命あるいはアメリカ独立戦争などの闘いをくぐりぬけて、人権の尊重という重要な基本原理を獲得してきた人類の歴史をみれば、明らかであるといえるでしょう。

基本的人権の蹂躙というような事態を避けるために、あるいは、万が一にもそのような事態が生じた場合に、人々が護るべき基本的な権利を明確に示しておくために、各国の憲法典の中には、基本的人権に関する諸規定が設けられてきました。日本国憲法もこのような諸外国の立法例にならい、基本的人権に関する規定を明文で設けたのだと理解することができます。

3　最高規範性

憲法は、国の法大系における最高規範であり、法の法です。このことは日本国憲法においても「この憲法は、国の最高法規であって、その条規に反する法律、命令、詔勅及び国務に関するその他の行為の全部又は一部は、その効力を有しない。」（憲法九八条一項）と規定しています。

ところで、ある法律が憲法の規定に違反するかどうかの判断は、法形式の適合性あるいは必要な手続の履践の有無という形式面での判断も必要ですが、それと同時に、その法律が憲法のめざす理想に反するかどうかという内容面での判断も必要となります。この内容面での判断という場面において、最も重要なものは、基本的人権に対する侵害があるかないかという問題です。そして、そのための判断基準として、どのような基本的人権があるかを憲法の中に明示しておくことは、判断基準の明確化という意味で大事なことです。日本国憲法が最高法規である以上、その最高法規たる日本国憲法が目指す理想ないし守ろうとしている根本的権利としての基本的人権に関する規定が、内容的な判断基準として日本国憲法中に設けられているのは、当然のことだともいえるでしょう。

4　国際協調主義

さらに、日本国憲法に基づく日本国の国家体制は、国際協調主義にも適合しなければなりません（憲法前文）。

ところで、第二次世界大戦後の世界は、世界人権宣言などにもみられるように、基本的人権の尊重を目指すものでした。日本国憲法は、その中に基本的人権に関する規定を設けることによって、この世界的趨勢に同調し、積極的に基本的人権を擁護するという姿勢を示すものであるとも理解することが可能であろうと思われます。

第3章　人権の享有主体

【設　題】

人権の享有主体性について、具体例を挙げて説明せよ。

【解　説】

一　はじめに

本問は、個別、具体的な人権が問題となるのではなく、広く人権一般に関する問題です。このような問題では、個別、具体的な問題点の理解もさることながら、各種の人権の性質及び内容を踏まえた横断的な理解が要求されます。そこで、解答に当たっては、問題文にもあるように「具体例」を挙げながら述べる必要があります。また、その際、いわゆる論点に飛びつくということではなく、基本をしっかりと踏まえて考える必要があるでしょう。以下においては、本問を考えるに当たってのポイント等について解説をしますが、具体的な内容等については、『憲法概説（再訂版）』（裁判所職員総合研修所）一五頁以下や憲法の基本書等も併せて参照してください。

二　問題の所在

まず、人権の享有主体性が問題となる背景について考えてみます。

基本的人権は、人種、性、身分などの区別とは無関係に、人間である以上当然に享有できる普遍的な権利であるといわれています。もっとも、日本国憲法（以下「憲法」という。）は、第三章の標題において「国民の権利及び義務」と規定し、また、憲法一一条や一三条においても「国民は」という文言で始まるなど、基本的人権の保障を日本国民に限定するかのような体裁をとっています。このような規定から、憲法が、国民を直接の名あて人として基本的人権を保障しているということは明らかですが、先に述べたような基本的人権の普遍性との関係で、日本国民のほかに、どのような者が基本的人権を享有する主体となるのかという点が問題となります。ここに人権の享有主体性という問題が生じる原因があるのです。

三　国民

(1)　憲法は、国家と国民との間の関係を規律する基本法ですから、その名あて人は日本国民であり、このことから前記のような憲法の文言となることは容易に理解されるところでしょう。したがって、国民が人権享有主体であるということはいうまでもありません。ただし、ここで「国民」とは何かという問題が生じます。憲法一〇条には「日本国民たる要件は、法律でこれを定める。」と規定されており、具体的には、国籍法という法律で国民たる要件、すなわち、日本国籍を取得する要件が定められています。したがって、「国民」とは、「国籍法の規定により日本国籍を取得した者」ということになります。国籍法に関しては、血統主義か出生地主義かという問題や帰化の問題などがありますが、本問とは直接関係がありませんので、ここでは説明を省略します。

(2) なお、国民との関係で「未成年者」の人権享有主体性が議論されています。未成年者も日本国民であり、当然に人権享有の主体であるわけですが、人権の性質によっては、社会の構成員として成熟した人間を主として眼中に置いて、それに至らない人間に対しては、多かれ少なかれ特例を認めることが、事の性質上是認される場合があるという理解がされています。このような理解からすると、保障される人権の性質に従って、憲法上、未成年者の心身の健全な発達を図るための必要最低限度の制約が許されるというのが一般的な考え方です。このような考えを前提として、例えば、未成年者については、選挙権が制限されたり(憲法一五条三項)、婚姻の自由(民法七三一条)、職業選択の自由(公証人等の資格要件等)が制約される場合があります。

四　天皇及び皇族

(1)　このように「国民」とは何かということが定義づけられたとしても、「国民」といった場合、「主権の担い手としての国民」、「国家の構成員としての国民」、「国家の機関としての国民」というように、その概念は多義的なものです。先に述べた日本国籍を有する者というのは、「国家の構成員としての国民」を指し、それは「日本国という国家の統治権に服する国民」を意味するということになります。この意味での国民には、天皇や皇族も含まれることになります。

(2)　もっとも、人権の享有主体としての国民に、天皇や皇族が含まれるかどうかについては争いがあります。詳しくは、前掲『憲法概説』一五、一六頁を参照してください。ここでのポイントは、天皇や皇族は、「人」であるという事実に変わりはないという側面と世襲の天皇制維持という特殊な側面とをどのように調和して考えるかという点です。このような観点からすると、出発点が異なるだけであって、肯定説（人という側面からの出発）と否定説（世襲の天皇制維持という特殊な側面からの出発）の実質的な差異はほとんどないというのが一般的な理解です。

五　外国人

1　問題の所在

ア　人権享有主体性に関して最も問題となるのが、外国人の場合です。ここで、外国人とは、国籍法一〇条との関係からすると、日本国籍を有しない者ということになります。したがって、いずれの国籍も有しない者（無国籍者）も外国人に該当するということになります。

イ　外国人の人権享有主体性が活発に議論される原因としては、憲法が日本国民を直接の名あて人として規定していることから、果たして、外国人が人権の享有主体となり得るのかという疑問がある一方で、人権の普遍性、国際協調主義（憲法九八条）等との関係で、享有主体性をすべて否定することに対する疑問がある点が挙げられます。

2　考え方

ア　考え方としては、大きく二つに分けられます。一方では、憲法の規定の仕方を根拠として、憲法は国民のみについてその権利と義務を定めたものであるという考え方（消極説）があり（もっとも、消極説においても、立法政策上外国人をできるだけ日本国民と同様に取り扱うことが政治道義上妥当であり、憲法の精神にかなうというような論者もいます。）、他方では、人権の前国家的性格、自然権的性格や国際協調主義の観点から、外国人の人権享有主体性を肯定する考え方（積極説）があります。

この点、判例は、これまで、外国人が憲法上の主張を行う適格性を問題とすることなく、実体判断を行ってきていることからして、積極説に立っていると解されています。したがって、考え方としてはこれらの二つがあるといわれていますが、現在の判例及び通説においては、外国人も人権の享有主体たり得ることを当然の前提としているといえるでしょう。

イ　もっとも、どのような人権が、どのような範囲において保障されるのか（保障される人権の範囲の問題）、また、保障される人権のうち、日本国民と同程度に保障されるのか（保障される人権の保障の程度の問題）が問題となります。

保障される人権の範囲の問題に関しては、憲法一六条、一七条、一八条、二二条、三一条等のように、憲法の条文上「何人も」とあるか否かを基準として区別しようとする見解があります（「文言説」と呼ばれます。）。しかし、憲法二二条二項（「何人も……国籍を離脱する自由を侵されない。」）のように、国籍離脱の自由の保障は元々日本国民のみを対象としていることからすると、憲法制定者が「何人も」という文言と「国民は」の文言を厳格に区別しているとは解されないことから、文言説は妥当とはいえないでしょう。大多数の見解は、憲法によって保障された基本的人権の性質を検討し、できるだけ外国人にも人権保障を及ぼそうという考え方をとっています（「性質説」と呼ばれます。）。判例においても、「憲法第三章の諸規定による基本的人権の保障は、権利の性質上日本国民のみを対象としているものを除き、わが国に在留する外国人に等しく及ぶものと解すべきであり、……」と判示して、性質説に立つことを明言しています（最大判昭和五三年一〇月四日・民集三二巻七号一二二三頁・マクリーン事件）。

ウ　なお、外国人の人権享有主体性に関する問題について注意すべき点として、①憲法上外国人に当該人権が保障されている場合（逆にいうと、当該人権を認めないこと自体憲法違反となる場合）、②外国人に当該人権を保障することが憲法上禁止されている場合（当該人権を認めた法律等は憲法違反となる場合）、③外国人に当該人権を保障すること自体憲法上保障されているとはいえないが、法律等で保障すること自体は許されている場合の三つのレベルがあるということです。以下で検討する判例で問題となった具体的事例においても、どのレベルで議論されているのかという点を明確に意識しておくことは、本問を考えるに当たって有益であろうと思われます。

エ　それでは、実際に判例において問題となった具体的な事例についてみていくことにしましょう。

(1)　入国、在留、再入国の自由

入国の自由に関しては、国際慣習法上認められないというのが判例（最大判昭和三二年六月一九日・刑集一一巻六号一六六三頁）及び通説です。

また、入国の自由が保障されない以上、入国の継続である在留の権利も保障されないということになります（前掲マクリーン事件判決）。

さらに、再入国の自由に関しても、「わが国に在留する外国人は、憲法上外国へ一時旅行する自由を保障されるものではない」という判例からして、憲法二二条により保障されるものではないというのが、判例の立場です（最判平成四年一一月一六日・裁判集民事一六六号五七五頁）。

(2)　参政権

従来、参政権は、主権の行使の意味を持つことから、その性質上、外国人には認められないと考えられ、参政権を外国人に認めるのは憲法違反となるという見解も存在しました。他方、国民主権でいう「国民」が日本国籍を有する者であるとしても、外国人に参政権を認めることが国民主権の原理に反するとまでいえるか疑問であるという見解も存在します。

この点、判例は、地方参政権について、定住外国人に参政権を認める条例に関し、憲法九三条二項は、外国人の選挙権を保障したものではないが、わが国に在留する外国人のうちでも、永住者等であってその居住する区域の地方公共団体と特段に緊密な関係を持つに至ったと認められる者について、法律で地方公共団体での選挙権を付与する措置を講ずることは、憲法に違反するとまではいえないという考え方をとっています（最判平成七年二月二八日・民集四九巻二号六三九頁）。

参政権に関連して、公務就任権についても問題となります（なお、この点は、外国人の職業選択の自由又は平等権との関係でも問題となります。）。一般の公務員については、法律上の制限はありませんが、国や多くの地方公共団体においては、「公務員に関する当然の法理として、公権力の行使又は国家意思の形成への参画に携わる公務員となるためには、日本国籍を必要とする。」という内閣法制局見解に基づいて、公務員の採用に際し、国籍条項を設けてきました。もっとも、近時は、地方公共団体の中でも、地方公務員の資格要件から国籍要件を撤廃するところも出始めています。

なお、最近の事例としては、東京都が管理職選考試験において、国籍条項を根拠に受験を拒否したことが問題とされた最大判平成一七年一月二六日・民集五九巻一号一二八頁があります（この事件の概要、争点、裁判所の判示内容等については、各自で勉強しておいてください。）。

(3)　社会権

社会権は、従来自己の帰属する国家により保障されるものであるということから、外国人には認められませんでした。もっとも、従来の見解も、財政事情等の支障がない限り、法律によって外国人に社会権を認めること自体を否定しているわけではありませんでした。

しかし、近時では、社会権は、その国で共同生活を営み、税金等により社会的な負担も果たしているすべての個人に、国籍に関係なく保障されるべき権利であるという見解が有力に主張されています。

なお、昭和五六年、日本が経済的、社会的及び文化的権利に関する国際規約等を批准したことから、社会保障関係法令に存在した国籍条項は撤廃されました。

⑷　自由権

自由権については、基本的には、外国人であっても保障される権利であるとされています。精神的自由権、例えば、思想及び良心の自由（憲法一九条）、信教の自由（憲法二〇条）等については、外国人か否かで保障の範囲及び程度に差異を設ける合理的な理由はなく、外国人にも等しく保障されるということは異論のないところでしょう。もっとも、政治的活動の自由に関しては、政治的活動が参政権的な意味合いを有することから、問題となっています。この点、判例（前掲マクリーン事件判決）は、「わが国の政治的意思決定又はその実施に影響を及ぼす活動等外国人の地位に鑑みれば、これを認めることが相当でないと解されるものを除き、その保障が及ぶものと解するのが相当である。」と判示し、一定の留保付きではありますが、外国人にも保障が及ぶことを明らかにしました。

しかし、経済的自由権（職業選択の自由や財産権等）については、原則として、外国人にも保障が及ぶということではありますが、制限される場合が存在します（職業選択の自由に関しては、公証人法等における資格要件、財産権に関しては、外国人土地法による土地取得の制限等）。経済的自由権に関しては、立法府の裁量が認められ、多くが立法政策に委ねられていますが、現在存在する制限に関しては、それぞれ合理的な理由があることから許容されるものであるという理解が一般的です。

六　法人

(1)　人権は、元々個人（自然人）をその対象として成立したものです。法人は自然人を通じて行動し、その利益は自然人に帰することを根拠として法人の人権享有主体性を否定する見解も存在します。しかし、現代社会においては、法人その他の団体の活動の重要性が増大し、すべての場合に個人の人権に還元、分解することが適当とはいえない状況が生じてきました。そこで、現在では、法人にも人権の享有主体性を認める方向で考える見解が一般的であるといえるでしょう。

(2)　もっとも、仮に、法人に人権享有主体性を認めるとしても、自然人と同様に人権を享有するということにはなりません。法人についても、外国人の場合と同様に、保障される人権の範囲の問題と保障の程度の問題があります。

この点は、判例（最大判昭和四五年六月二四日・民集二四巻六号六二五頁、八幡製鉄政治献金事件）が「憲法第三章に定める国民の権利及び義務の各条項は、性質の可能な限り、内国の法人にも適用されると解すべきである」と判示したように、抽象的には、人権の性質及び法人の目的及び性格によって個別、具体的に検討していくという方向で考えるということになります。

そこで、具体的に、保障される人権の範囲の点と保障の程度の点とに分けて考えてみましょう。

まず、法人にも保障される人権の範囲の点については、一般的には、その性質上団体に対する保障に適さないもの以外は、法人にも、人権享有主体性が認められるということがいえるでしょう。例えば、人身の自由や選挙権、被選挙権といった本来個人（自然人）に認めることを当然の前提としている権利については、法人が享有することができないのに対して、経済的自由権や一連の刑事手続上の権利（憲法三一条、三五条、三七条等）は、法人にも保障されることになります。また、精神的自由権に関しても、一部否定的な見解もありますが、判例及び通説は、肯定する見解を前提に考えています（前掲八幡製鉄政治献金事件は、政治活動の自由が問題となりました。また、最大判昭和四四年一一月二六日・刑集二三巻一一号一四九〇頁の、いわゆる博多駅フィルム事件では、放送会社の報道の自由が問題となりました）。

次に、法人に保障される人権の保障の程度の点については、法人による人権の行使が自然人の人権を不当に制限するものであってはならないという視点が重要です。この点を踏まえて、二つの面からの限界があることが指摘されています。すなわち、①法人と法人の構成員以外の個人との関係では、特に巨大な団体は、その有する社会的権力が巨大であることから、経済的自由権や政治活動の自由について、自然人と異なる規制を受けることがある（前掲八幡製鉄政治献金事件等）、②法人とその構成員との関係では、特に、法人の表現の自由とその構成員の表現の自由や思想、信条の自由との調整が必要である（最判平成八年三月一九日・民集五〇巻三号六一五頁、南九州税理士会政治献金事件）というものです。問題となっている事案がいずれの場面の問題であるかを検討した上で、個別、具体的な事案の内容に応じて、人権が保障される程度が異なってくるということになるでしょう。

七　おわりに

本問のように、具体例を挙げた説明をするに当たっては、判例の理解が不可欠です。判例を学習するということは、ある法的問題点に関して判例が採用している考え方を理解するということもさることながら、判例の判示内容等を通じて、法的なものの考え方を習得することもできるという面があり、特に初学者にとっては、重要な学習対象であると思われます。

判例の学習に当たっては、①問題となっている事案の概要（事実関係や当事者の主張）、②当該事案で問題となった点（争点）、③当該事案で裁判所が判示した内容をそれぞれチェックする必要があります。一般的には、②や③の点だけをみて判例を理解したと考えてしまいがちですが、裁判所が、なぜそのように判示したのか、同じような問題が発生した場合に先例となり得るかどうかは、実際には、特に、①の点によって左右される場合が多いと思います。本稿においては、紙幅の関係上、判例の細かい事案分析等はできませんでしたが、上記①から③までの点に留意して、本問で問題となった判例を各自で勉強しておいてください。

第4章　私人間の法律関係と基本的人権の保障

【設　題】

私人間の法律関係と基本的人権の保障について説明せよ。

【解　説】

一　問題の所在

1　近代憲法の適用対象

近代憲法は、①国家の統治の機構と②人権の保障という二つの規範から成り立っています。①は統治機関の組織、権限、作用を主として定めるもので、国家を規制対象としています。また、②も、個人の自由と権利を保障することにより、公権力（国家や地方公共団体）を制約しようとするものであり、そこでの人権保障は、本来、公権力の行使による侵害から人権を保護するものでした。そして、他方では、私人間の法律関係については、憲法のかかわるところではなく、私法が専ら規律し、広く私的自治の原則（個人が自由意思に基づいて自律的に法律関係を形成することができるという原則）が認められていました。

２　現代における問題状況

現代の社会においても、公権力による人権侵害は少なくなく、公権力による人権侵害を防ぐという近代憲法の趣旨はなお重要性を失いません。しかし、他方で、私人による人権侵害も多くなっています。資本主義が進展し、社会構造の組織化、複雑化が進行するに伴い、社会において、大企業、労働組合などの強力な私的団体が多数生まれ、一般国民の人権が脅かされる事態が生じてきました。また、情報化が進展して、マス・メディアによるプライバシーや名誉の侵害も大きな問題となっています。このような私的団体は「社会的権力」と呼ばれることがありますが、私人間の法律関係における社会的権力による人権侵害にも一般国民の人権を保護する必要性が認識されるようになりました。このような認識の背景には、憲法が保障している基本的人権は、個人の尊厳の原理を中核として、人間が生来的に有している自然権を実定化したものであり、公法だけではなく私法を含むすべての実定法秩序において、最高の価値を有する基本原則であるという考え方があります。また、社会的権力の出現という社会構造の変化によって、国家に対する考え方も消極国家、夜警国家から、人権実現のための積極的な努力をなすべき責務を負う積極国家、社会国家へと変容したことも背景事情として挙げられます。それでは、私人間の法律関係において、基本的人権は具体的にどのような形で保護されるのでしょうか。

二　私人間の法律関係と基本的人権の保障に関する学説の状況

1　私人間の法律関係と基本的人権の保障については、これまでにも大いに議論がなされていますが、大別すれば、以下の無関係説（非適用説）、直接適用説（直接効力説）、間接適用説（間接効力説）の三つの見解があります。

非適用説（無関係説）は、憲法の規範は公法に属すべきもので、専ら公権力を規制するのであって、私人間の法律関係を規律するのは私法であり憲法は無関係であるとする考え方です。この考え方は、現代においても、前記一1で述べた近代憲法の本来の適用対象を維持し、公法と私法の区別を重視して、人権保障も公権力による侵害からの保護のための規定として、私人間における効力を否定します。

直接適用説（直接効力説）は、憲法は私人間においても直接適用できる限り、直接に適用を受け、特に人権保障に関する規定は私人間にも適用されるとする考え方です。この考え方は、憲法の基本的人権の保障の規定を公権力を制限する規範から、更に進んで、先に述べたすべての実定法秩序における基本原則であるとする点を重視するものです。

間接適用説（間接効力説）は、非適用説と直接適用説の中間に位置付けられる考え方で、憲法の規定はその効力を直接に私人間に及ぼすものではないが、また、無関係ではなく、私法上の一般条項や不確定概念（例えば、民法一条二項の信義誠実の原則、民法一条三項の権利濫用、民法九〇条の公の秩序善良の風俗、民法七〇九条以下の不法行為）を通じて、その解釈のうちに憲法規範が持ち込まれ、このように間接的な適用を受けることにより、私人間にも効力を及ぼすとする考え方です。公法と私法を区別し、公権力の制約を図るという近代憲法の本来の趣旨を生かしつつ、実定法秩序全体の価値判断の基準を憲法に求めて統合しようとする考え方です。この考え方では、特に、公の秩序善良の風俗に反する法律行為は無効であると定める民法九〇条は重要であり、同条の「公の秩序」に憲法秩序、特に人権が不当に侵害されないことが含まれ、憲法に違反し、不当に人権を侵害する私人の行為は、公の秩序善良の風俗に反するとして、民法を通じて無効とされることとなります。

2　それでは、これらの三つの見解のいずれが妥当でしょうか。

非適用説は、法論理上は成立し、私人間では私人の自由な意思に委ねる近代憲法の趣旨に沿います。しかし、先に述べたとおり、憲法の保障している基本的人権は、人間が生来的に有している自然権を実定化したもので、公法だけではなく私法を含むすべての実定法秩序においても、最高の価値を有する基本原則であると考えられます。しかも、現在では、憲法が社会生活に密接に結びついているという意識が高まっており、社会生活と憲法が無関係であるとすると、私人による人権侵害により憲法の下における実定法秩序が崩れるおそれもあります。直接適用説は、このような憲法の下における実定法秩序と現代の憲法と社会生活の密接な結びつきを重視するものです。しかし、私人間の法律関係に人権保障の規定の直接適用を認めると、近代憲法が予定していた私法の領域における私的自治の原則が広範囲に害され、私人間の行為が憲法及び憲法より下位の法規範によって大幅に規律されるという事態が生じ、また、公法と私法の体系を崩すこととなります。様々な社会的権力が生じている現代社会においては、私的自治の原則に対する制限はやむを得ませんが、同原則は、なお、私法の大原則として妥当し、当事者の意思は最大限に尊重される必要があるのです（私的自治の原則については、民法の学習においても極めて重要ですので、『新訂民法概説（四訂版）』（裁判所職員総合研修所）の該当個所も併せて読んでください。）。また、現代社会においても、公権力による人権侵害は少なくなく、近代憲法の公権力を制限して人権を保護する趣旨は、人権保障の最大かつ本質的なものとして尊重されなければなりません。この趣旨を無視して直接適用を認めるならば、人権救済の名の下に、私人間への公権力の積極的な干渉を許し、かえって人権侵害の危険を招くこととなります。特に、価値観が多様化しており、公権力を有する多数者の恣意から少数者の人権を守る意義はますます重要性を有するに至っています。直接適用説では、公権力による人権侵害からの保護という点がむしろ相対化し、弱まる危険性があるのです。

このような点から、間接適用説が、私法の領域における私的自治の原則を尊重しながら、基本的人権がすべての実定法秩序において最高の価値を有する基本原則であるという考え方を生かす見解として、通説となっています。

三　判例の見解

それでは、判例は、私人間の法律関係と基本的人権の保障についてどのような見解に立っているでしょうか。

判例の見解は、当初必ずしも明確ではありませんでしたが、最高裁判所は、学生運動などの経歴を入社試験時に申告しなかったことを理由として、三か月の試用期間経過後にされた解雇の効力が争われた三菱樹脂事件において、憲法一九条、一四条の「各規定は、同法第三章のその他の自由権的基本権の保障規定と同じく、……もっぱら国または公共団体と個人との関係を規律するものであり、私人相互の関係を直接規律することを予定するものではない」として直接適用説を否定した上で、「私的支配関係においては、個人の基本的な自由や平等に対する具体的な侵害またはそのおそれがあり、その態様、程度が社会的に許容しうる限度を超えるときは、これに対する立法措置によってその是正を図ることが可能であるし、また、場合によっては、私的自治に対する一般的制限規定である民法一条、九〇条や不法行為に関する諸規定等の適切な運用によって、一面で私的自治の原則を尊重しながら、他面で社会的許容性の限度を超える侵害に対し基本的な自由や平等の利益を保護し、その間の適切な調整を図る方途も存するのである」と述べて、間接適用説を採用しました（最大判昭和四八年一二月一二日・民集二七巻一一号一五三六頁。なお、この判決は、具体的な諸規定の解釈としては、「企業は雇用の自由を有し、特定の思想・信条を有する者をそのゆえをもって雇い入れることを拒んでも、それを当然に違法とすることはできず」、また、「労働者の思想・信条を調査し、そのためその者からこれに関する事項についての申告を求めることも」違法ではない、と判示しています。）。その後も、最高裁判所は、私立大学における学生の政治活動の規制の違憲性が争われた昭和女子大事件において、三菱樹脂事件判決を引用し間接適用説の立場に立っています（最判昭和四九年七月一九日・民集二八巻五号七九〇頁）。さらに、最高裁判所は、男子六〇歳、女子五五歳の定年制を定める就業規則の効力が争われた日産自動車事件判決においても、「就業規則中女子の定年年齢を男子より低く定めた部分は、専ら女子であることのみを理由として差別したことに帰着するものであり、性別のみによる不合理な差別を定めたものとして民法九〇条の規定により無効であると解するのが相当である（憲法一四条一項、民法一条ノ二参照）」としました（最判昭和五六年三月二四日・民集三五巻二号三〇〇頁）。この判決では、民法九〇条を無効の根拠としていますが、憲法一四条一項を括弧内に引用していることから考えると、間接適用説に立っていると解されます。

四　間接適用説に関し更に考慮すべき点

以上のとおり、私人間の法律関係と基本的人権の保障については、間接適用説が判例・通説であるといえますが、以下のとおり、更に考慮すべき点がいくつかあります。

1　間接適用説に立ったとしても、憲法の規定のうちで私人にも直接適用される規定の存在を認めることができます。実際に、憲法の規定、特に人権保障の規定の中には、その文言、沿革、趣旨、目的、機能から、私人間にも直接適用されると解されている規定が存在します。一五条四項（すべて選挙における投票の秘密は、これを侵してはならない。選挙人は、その選択に関し公的にも私的にも責任を問はれない。）、一八条前段（何人も、いかなる奴隷的拘束も受けない。）、二七条三項（児童は、これを酷使してはならない。）、二八条（勤労者の団結する権利及び団体交渉その他の団体行動をする権利は、これを保障する。）などが該当します。これらの規定については、実際上は法律を整備することにより私人間の法律関係を規律するのが望ましいといえますが、法律の規定を欠いたとしても、憲法から直接に私人の人権侵害行為について無効とすることなどが可能と解されています。

2　プライバシーの権利（プライバシー権）や名誉の権利（名誉権）の侵害を理由として一定の表現行為（例えば、雑誌その他の書籍への掲載出版）の差止めを裁判所に求める場合などのように、当事者の基本的人権（この場合はプライバシーの権利や名誉の権利と表現の自由）が直接衝突する場合、直接適用か間接適用かを論ずることなく裁判所は当事者の基本的人権を論じ比較衡量して差止めの可否などを判断しています。

3　間接適用説においては、私人の人権侵害が法律行為に基づくのであれば、先に述べたように民法九〇条を適用して当該法律行為を無効とすることなどによって救済が十分可能です。しかし、私人の人権侵害が純然たる事実行為の場合には、民法七〇九条の不法行為に基づく損害賠償の救済が考えられますが、その救済には限界があります。また、現代の社会では、公権力と公権力以外の社会的権力との間の区別が必ずしも明確ではなく、私人の行為も国や地方公共団体の行為に準ずるとみられる場合もあります。そこで、学説上、アメリカ合衆国の判例で採用されている「国家行為」の理論の我が国への導入が近時議論されるようになりました。この「国家行為」の理論とは、人権規定が公権力と国民との関係を規律するものであることを前提としながらも、①公権力が私人の私的行為に極めて重要な程度にまで関わり合いになった場合、又は②私人が国の行為に準ずるような高度に公的な機能を行使している場合に、その私的行為を国家行為と同視して憲法を直接適用するという理論です。この理論によれば、我が国においても、事実行為による人権侵害が違憲であるとして、民法七〇九条の不法行為の要件である違法性の裏付けを強めたり、国家賠償請求訴訟や行政訴訟を提起することが可能になると論じられています。

五　おわりに

私人間の法律関係と基本的人権の保障は、従来から論じられてきた重要な問題であり、論点も多岐にわたります。しかし、まずは、憲法の人権規定について、本来の適用対象となる法律関係を押さえるとともに、憲法の全法秩序における地位について検討してみてください。その際、併せて民法その他の私法の領域における大原則である私的自治の原則や民法一条二項、三項、九〇条、七〇九条などの条項の学習も怠りなくしてください。本問を検討するに当たっては、民法に関する理解が必要です。そして、人権規定の私人間への適用に関する見解については、間接適用説が判例・通説といえますが、それぞれの見解を慎重に比較検討することが重要です。

第5章　新しい人権――名誉権、プライバシー権、自己決定権等

【設　題】

いわゆる新しい人権について論ぜよ。

【解　説】

一　新しい人権の意義、根拠

1　いわゆる「新しい人権」とは、個人の人格的生存にとって必要不可欠な権利であり、憲法上保障されるべきであるにもかかわらず、憲法一四条以下の個別的人権規定では保障されないものをいいます。

同条以下の個別的人権規定は詳細なものですが、これらは、歴史的に国家権力により侵害されることの多かった重要な権利、自由を列挙したものであり、すべての人権を網羅したものではありません。また、現代社会においては、情報化、技術化の進展に伴い、憲法制定当時には考えられなかったような人権侵害のおそれが生じています。したがって、一四条以下

で列挙されている人権のほかにも、個人の人格的生存にとって必要不可欠な権利が、憲法上の人権として承認・保障されることが必要となります。これが、講学上「新しい人権」といわれるものです。

2　このような「新しい人権」を導き出す憲法上の根拠は、一三条の「生命、自由及び幸福追求に対する国民の権利」に求められると解されています。この権利は、文言上、「生命」、「自由」、「幸福追求」の三つの部分からなりますが、これらは、いずれも個人の人格的生存にかかわる概念として統一的に把握されるべきものですから、包括的に「幸福追求権」と呼ばれています。

この幸福追求権については、従来、①「個人の尊厳」（一三条前段）原理の別の表現であるという見解、②憲法で保障される個別的人権の総称であるという見解、③国家の個人尊重の心構えを示すものであるという見解などがみられましたが、最近では、④「個人の尊厳」原理と結びついて、「個人の人格的生存にとって必要不可欠な権利、自由を包摂する一般的包括的な権利であり、この幸福追求権によって基礎づけられる個々の権利は、裁判上の救済を受けることのできる具体的権利である。」と解されています。つまり、幸福追求権は、従来とは異なり、「新しい人権」の根拠規定として十分な、独自の意義を有するに至ったということができます。

また、幸福追求権を保障する一三条と個別的人権を保障する各規定は、一般法（幸福追求権）と特別法（個別的人権）の関係にあり、個別的人権規定が優先的に適用され、個別的人権規定が妥当しない場合に限り、一三条が補充的に適用されると考えられます。

二　新しい人権の内容

1　憲法一三条により保障される権利

それでは、どのような内容の権利が、憲法上の「新しい人権」として一三条により保障されるのでしょうか。

この点について、裁判所が「新しい人権」を憲法上の権利として承認する場合には、①その権利が個人の人格的生存にとって必要不可欠なものであるか、②その行為が社会において伝統的に個人の自律的決定に委ねられてきたか、③その行為によって他人の人権を侵害するおそれがないかなどの要素を考慮して、慎重に行うべきであると解する見解が有力です。憲法一三条の一般法としての性格からすれば、精神活動の自由（一九条、二〇条、二一条、二三条）や経済活動の自由（二二条、二九条）については、それぞれの人権規定により広く保障されていますので、これらの領域にかかわる人権について、幸福追求権が適用される余地はほとんどないということができます。例えば、営業の自由は、一四条以下に直接規定されてはいませんが、その性質上、選択した職業の遂行の自由として二二条により保障される人権ですから、殊更「新しい人権」として一三条により保障される必要はないというわけです。

これまでに「新しい人権」として主張されたものは、環境権、嫌煙権、日照権、眺望権、平和的生存権、自己決定権など多数ありますが、最高裁判所が憲法上の権利として承認・保障することを明確にしたものは、それほど多くはありません。以下、この解説では、いわゆる「新しい人権」の中でも歴史的、社会的に極めて重要なものと考えられる名誉権及びプライバシー権を中心に説明することとします。

なお、「新しい人権」は、明文の規定がなく、判例の積み重ねによりその内容等が形成されるものですから、必然的に、関連する重要判例についてもよく理解することがとても大切です。

２　名誉権について

⑴　幸福追求権は、個人の尊厳原理と結びついて、個人の人格的生存にとって必要不可欠な権利を保護するものです。名誉は、その侵害に対しては民法上不法行為に基づく損害賠償請求が可能とされているほか（民法七〇九条）、名誉回復のための措置が認められています（同法七二三条）。また、刑法においても、名誉毀損罪（刑法二三〇条）が成立し、刑罰をもって保護されています。そもそも名誉は、個人の人格的生存にとって必要不可欠であり、人格

価値そのものにかかわるものというべきですから、名誉権は、幸福追求権の一内容として、憲法上承認・保障されると解されます。

最高裁判所は、北方ジャーナル事件判決（最判昭和六一年六月一一日・民集四〇巻四号八七二頁）において、名誉権を、「人格権としての個人の名誉の保護」と位置づけた上、「人の品性、徳行、名声、信用等の人格的価値について社会から受ける客観的評価である名誉を違法に侵害された者は、損害賠償（民法七一〇条）又は名誉回復のための処分（同法七二三条）を求めることができるほか、人格権としての名誉権に基づき、加害者に対し、現に行われている侵害行為を排除し、又は将来生ずべき侵害を予防するため、侵害行為の差止めを求めることができる。」、「けだし、名誉は生命、身体とともに極めて重大な保護法益であり、人格権としての名誉権は、物権の場合と同様に排他性を有する権利というべきであるからである。」と判示しました（名誉権侵害を認めた原審判決を維持）。これにより、最高裁判所は、名誉権を憲法上の「新しい人権」として承認・保障することを明確にしたということができます。

(2)　ただし、名誉権は、絶対不可侵のものではなく、他者の表現の自由との関係で一定の制約を受けざるを得ません。その調整は、原則として等価値的な利益衡量によるべきですが、公共性のある事項については、公益を図る目的で真実を表現する場合はもちろん、当該事項にかかわる事実の真実性を推測させるに足る程度の相当な合理的根拠及び資料に基づいてされた表現行為であれば、憲法上表現の自由により保障されると解されます。

また、北方ジャーナル事件では、裁判所による表現行為の事前差止めの可否が問題とされました。最高裁判所は、同事件判決において、裁判所が仮処分手続で出版物を事前に差し止めることは検閲（二一条二項）には当たらないが、これが許されるためには、①表現行為が公共の利害に関する事項を含んでいないこと、②表現行為が真実でないか、又は公益を図る目的ではないこと、③重大かつ著しく回復困難な損害のおそれがあること、④口頭弁論又は債務者の審尋を行うことを要するという趣旨の、相当厳格な要件の充足を求めています。

(3)　公権力が国民の名誉権を侵害することは当然許されないことですが、一方で、国民の知る権利の観点からは、公権力により国民にとって必要な情報が提供されることが妨げられてはなりません。そこで、両議院の議員が議院で行った演説、討論などについては憲法上免責特権が認められている（五一条）ことにも注意が必要です。

3　プライバシー権について

(1)　プライバシー権は、米国の判例理論において、「ひとりで放っておいてもらう権利」として展開・確立されてきたものですが、我が国では、一般的に、「私生活をみだりに公開されない権利」と理解されています。このような権利は、個人の人格的生存にとって必要不可欠であり、人格価値そのものにかかわるものというべきですから、幸福追求権の一内容として、憲法上承認・保障されると解されます。

ア　プライバシー権は、「宴のあと」事件第一審判決（東京地判昭和三九年九月二八日・下民集一五巻九号二三一七頁）において、「私生活をみだりに公開されない法的保障ないし権利」と定義されて以来、憲法上保障されるものであることが認められるようになりました。

この事件は、小説家である三島由紀夫が都知事選挙に題材を得て著した「宴のあと」という小説について、そのモデルとされた人物が、私事の克明な描写等によりプライバシー権を侵害されたなどと主張して、三島らに対し、不法行為に基づく損害賠償を請求した事案です。裁判所は、この事件において、プライバシーの侵害が不法行為を構成するための要件として、公開された内容が、私生活上の事実又は事実らしく受け取られるおそれのある事柄であること、一般人の感受性を基準にして、当該私人の立場に立った場合、公開を欲しないであろうと認められる事柄であること、一般の人々にいまだ知られていない事柄であることを要すると判断し、さらに、このような公開によって、当該私人が実際に不快、不安の念を覚えたことも必要であると判示して、権利侵害を認めました。

この事件は控訴審で和解が成立して終局したために、最高裁判所の判断が示されませんでしたが、この第一審判決が立てた判断基準は、後の実務に大きな影響を及ぼしました。

イ　また、裁判所は、ノンフィクション「逆転」事件第一審判決（東京地判昭和六二年一一月二〇日・判時一二五八号二二頁）において、プライバシー権を、「他人がみだりに個人の私的事柄についての情報を取得することを許さず、また、他人が自己の知っている個人の私的事柄をみだりに第三者へ公表したり、利用することを許さず、もって人格的自律ないし私生活上の平穏を維持するという利益」と定義した上、不法行為の成立要件に関し「宴のあと」事件判決と同様の基準を立て、一二年余り前に実刑判決を受けたが仮出獄後平穏な生活を送っていた者の実名が「逆転」の中で使われて前科が明らかになったことについて、犯罪の報道価値は時の経過とともに失われるのであり、本件の実名記述は不必要であったなどと判断して、権利侵害を認めました（控訴、上告ともに棄却）。

最高裁判所は、この事件の上告審判決（平成六年二月八日・民集四八巻二号一四九頁）において、「プライバシー」という用語を使用しませんでしたが、「本件著作が刊行された当時、A（被害者）は、その前科にかかわる事実を公表されないことにつき法的保護に値する利益を有していたところ、本件著作において、B（作者）がAの実名を使用して右の事実を公表したことを正当とするまでの理由はない」と判示しました。この判決は、プライバシー権の侵害について、事実を公開されない利益とこれを公開する理由とを等価値的に比較衡量し、前者が後者を上回るかどうか、個別具体的に判断すべきであるとしたものと解されています。このような審理判断手法については、犯行時に少年であった人物の犯行態様、経歴等を記載した週刊誌の記事が同人のプライバシー権を侵害するかが問題となった事案について、個別具体的な事情の審理判断を要する旨の判示をした最判平成一五年三月一四日・民集五七巻三号二二九頁も参照してください。

ウ　前記「宴のあと」事件も「逆転」事件も、小説等の発表という表現行為と私人のプライバシー権との衝突の場面において、プライバシー権が保障されるか（私人間の間接適用）という点が問題となったものですが、さらに、プライバシー権に関し、名誉権における北方ジャーナル事件と同様に表現行為の事前差止めが問題となったものとして、小説「石に泳ぐ魚」事件（最判平成一四年九月二四日・判時一八〇二号六〇頁）があります。これは、小説のモデルとされた人物（作者である小説家と旧知の間柄であった。）が、顔面に大きな腫瘍があることなど知られたくない事実を暴露され、プライバシー権等を侵害されたと主張して、この小説の出版（単行本化）差止め等を求めた事案です。最高裁判所は、この件について、小説の内容は公共の利害にかかる事項ではないプライバシーにわたる事実を含み、小説のモデルとされた人物は公的立場にはないから、プライバシー等が侵害されており、小説が出版されれば重大で回復困難な損害を被らせるおそれがある旨の判示をしました。これは、原審（東京高判平成一三年二月五日・判時一六九一号九一頁）の、「（差止めの可否は）予想される侵害行為によって受ける被害者側の不利益と侵害行為を差し止めることによって受ける侵害者側の不利益とを比較衡量して決すべきである。」、「侵害行為が明らかに予想され、その侵害行為によって被害者が重大な損失を受けるおそれがあり、かつ、その回復を事後に図るのが不可能ないし著しく困難になると認められるときは事前の差止めを是認すべきである。」という判決に対する小説家側の上告を棄却したものです。

表現行為の事前差止めの可否について、その対立価値がプライバシーである場合には、いったん侵害されると、すなわち、公開されたくない私生活がみだりに公開されて知られてしまうと、原状回復が不可能になるというべきですから、名誉権の侵害の場合と比較して、事前差止めの余地をやや広く解することができるとも考えられます。この点に関しては、著名な衆議院議員の長女（元内閣総理大臣の孫でもあるが、この人物自身は政治家ではなく、政治家であったこともない。）が離婚した経緯を報じた週刊誌の販売等の差止めを命じた仮処分命令（東京地決平成一六年三月一九日・判時一八六五巻一八頁）と、同命令を取り消した抗告審の判断（東京高決平成一六年三月三一日・判時一八六五巻一二頁）も参照してください。

(2)　そのほかにも、最高裁判所により、プライバシー権に関し、次のような判例が積み重ねられています。以下の各判例の事案は、いずれも、個人情報が公権力に勝手に使用されそうになったり、されるおそれのある場面において問題となった事案ということができます。このような事案におけるプライバシー権の内容は、単に私生活をみだりに公開されない権利のみにとどまらず、公権力等との関係で、自己に関する情報をコントロールする権利（情報プライバシー権）という側面を持つことにも注意が必要です。

ア　最判昭和四四年一二月二四日・刑集二三巻一二号一六二五頁

デモ行進に関して、警察官が犯罪捜査のために行った写真撮影の違法性が争われた事件において、「憲法一三条は（一部略）、国民の私生活上の自由が、警察権等の国家権力の行使に対しても保護されるべきことを規定している。」、「個人の私生活上の自由の一つとして、何人も、その承諾なしに、みだりにその容ぼう・姿態（一部略）を撮影されない自由を有するものというべきである。これを肖像権と称するかどうかは別として、少なくとも、警察官が、正当な理由もないのに、個人の容ぼう等を撮影することは、憲法一三条の趣旨に反し、許されないものといわなければならない。」と判示しました。ただし、このような自由も、公共の福祉の観点から正当な理由がある場合には制限を受けるとして、結論としては当該職務行為を適法と判断しています。

イ　最判昭和五六年四月一四日・民集三五巻三号六二〇頁

地方公共団体が弁護士法二三条の二に基づく照会に対して前科を回答した行為の違法性が争われた事件において、「前科及び犯歴（一部略）は、人の名誉、信用に直接かかわる事項であり、前科等のある者もこれをみだりに公開されないという法律上の保護に値する利益を有する。」、「(市区町村長が) 漫然と弁護士会の照会に応じ、犯罪の種類、軽重を問わず、前科等のすべてを報告することは、公権力の違法な行使にあたる。」と判示して、慰謝料請求を一部容認した原審判決に対する上告を棄却しました。

ウ　最判平成七年九月五日・判時一五四六号一一五頁

会社が職制等を通じて共産党員等である従業員を監視し、退社後尾行したり、ロッカー内の私物を無断で写真撮影するなどした行為が不法行為を構成するか否かが争われた事件において、「(このような行為は) 被上告人らの職場における自由な人間関係を形成する自由を不当に侵害するとともに、その名誉を毀損するものであり (一部略)、そのプライバシーを侵害するものでもあって、同人らの人格的利益を侵害するものというべく、これら一連の行為が上告人の会社としての方針に基づいて行われたというのであるから、それらは、それぞれ上告人の各被上告人らに対する不法行為を構成するものといわざるを得ない。」と判示しました。

右のとおり、この判決は、プライバシー権だけでなく、名誉権侵害にも言及しています。

エ　最判平成七年一二月一五日・刑集四九巻一〇号八四二頁

外国人に対する指紋押なつ制度を定める外国人登録法の規定の合憲性が争われた事件において、「指紋は、指先の紋様であり、それ自体では個人の私生活や人格、思想、信条、良心性質上万人不同性、終生不変性をもつものではないが、性質上万人不同性、終生不変性をもつもので、採取された指紋の利用方法次第では個人の私生活あるいはプライバシーが侵害される危険性がある。」、「憲法一三条は、国民の私生活上の自由が国家権力の行使に対して保護されるべきことを規定していると解されるので、個人の私生活上の自由の一つとして、何人もみだりに指紋の押なつを強制されない自由を有するものというべきであり、国家機関が正当な理由もなく指紋の押なつを強制することは、同条の趣旨に反して許されず、また、右の自由の保障は我が国に在留する外国人にも等しく及ぶと解される。」と判示しました。ただし、指紋押なつ制度について、立法目的に十分な合理性があり、必要性も肯定できるとの理由で、結論としては前記規定の合憲性が認められています。

なお、指紋押なつ制度は、平成一一年の外国人登録法の改正によりその時点においては全廃されました。

オ　最判平成一五年九月一二日・民集五七巻八号九七三頁

私立大学主催の外国要人の講演会に参加を申し込んだ学生の氏名、住所等の情報を、当該大学が警察に開示した行為が不法行為を構成するか否かが争われた事件において、「（本件のような）個人情報についても、本人が、自己が欲しない他者にはみだりにこれを開示されたくないと考えることは自然なことであり、そのことへの期待は保護されるべきものであるから、本件個人情報は、上告人らのプライバシーに係る情報として法的保護の対象となるというべきである。」、「(これを開示した大学の行為は)上告人らが任意に提供したプライバシーに係る情報の適切な管理についての合理的な期待を裏切るものであり、上告人らのプライバシーを侵害するものとして不法行為を構成するというべきである。」と判示しました。

(3)　プライバシー権は、伝統的には、「個人の私的領域に他者を無断で立ち入らせない」という内容の、消極的な権利として理解されてきました(典型例は「宴のあと」事件)。

しかし、情報化社会の進展とともに国家や企業による個人情報の収集、保管が進んだことから、プライバシーを、より積極的に、「自己に関する情報をコントロールする権利(情報プライバシー権)」ととらえ、現代のいわゆる「データバンク社会」において、国家や企業が保持している個人情報に対して自らのコントロールを及ぼすことを認めるべきであるとする見解が現れました。この見解によれば、国民は公権力に対し、自己に関する情報の閲覧、訂正を請求する権利が認められるべきであるとされています。

このプライバシーの保護に関連するものとしては、各地方公共団体の個人情報保護条例や「行政機関の保有する情報の公開に関する法律」(平成一一年成立)、「行政機関の保有する個人情報の保護に関する法律」(平成一五年成立)等があります。

4　その他の新しい人権について

(1)　名誉権、プライバシー権のほかに、人格権的利益ないし権利として主張されている、環境権、嫌煙権、日照権、眺望権、平和的生存権、自己決定権などのうち自己決定権について解説を加えておきますので、その他のものも含めて文献などを参照し、より学習を深めてください。

個人は、一定の個人的事柄について、公権力等から干渉されることなく、自ら決定することができる権利を有しており、これは幸福追求権の一部を構成すると解されます。

その内容は多岐にわたり、学説によっても様々ですが、最高裁判所の判決に現れたものとしては、エホバの証人輸血拒否事件があります（平成一二年二月二九日・民集五四巻二号五八二頁）。この事件は、医師が、宗教上の信念に基づき輸血拒否の意思を明示していた患者に対し、ガンの摘出手術中、手術の際に輸血以外には救命手段がない事態が生ずる可能性を否定し難いと判断した場合には輸血するという病院の方針に基づき、患者らに説明せずに輸血したという事案ですが、最高裁判所は、この件について、「患者が、輸血を受けることは自己の宗教上の信念に反するとして、輸血を伴う医療行為を拒否するとの明確な意思を有している場合、このような意思決定をする権利は、人格権の一内容として尊重されなければならない。」、「A（患者）に対して、本件病院が採用していた右記方針を説明せず、Aらに対して輸血する可能性があることを告げないまま本件手術を施行し、右記方針に従って輸血をした。そうすると、本件においては、医師らは、右記説明を怠ったことにより、Ａが輸血を伴う可能性のあった本件手術を受けるか否かについて意思決定をする権利を奪ったものといわざるを得ず、この点において、Ａの人格権を侵害したものとして、Ａがこれによって被った精神的苦痛を慰謝すべき責任を負う。」と判示しました。これは、宗教上の信念に基づく患者の自己決定権を尊重すべきであるとの価値と、およそ人の生命は崇高なものとして尊重すべきであるとの価値の衝突という非常にデリケートな問題において、手術を受けるか受けないかの選択の場面で、患者の同意を得る前提として、病院が前記方針を採用していることについて医師の説明義務を認めたものです。

最高裁判所は、人格的生存等の用語を使用していませんが、生死にかかわる病状にある患者が、宗教上の信念に基づきいかなる治療を受けるか又は受けないか意思決定することは、個人の人格的生存にとって必要不可欠な権利であることが明らかですから、本件の意思決定をする権利（自己決定権）は、「新しい人権」として承認・保障されるものと考えられます。

⑵　また、最高裁判所は、大阪市営地下鉄商業宣伝放送差止等請求事件（昭和六三年一二月二〇日・判時一三〇二号九四頁）において、列車内の商業宣伝放送を違法ということはできないと判断しましたが、この判決には、「個人が他者から自己の欲しない刺戟によって心の

静穏を乱されない利益を有しており、これを広い意味でのプライバシーと呼ぶことができると考えており、聞きたくない音を聞かされることは、このような心の静穏を侵害することになると考えている。」、「(このような利益は)人格的利益として現代社会において重要なものであり、これを包括的な人権としての幸福追求権に含まれると解することもできないではない。」という補足意見が付されています。このような人格的利益を、「静穏のプライバシー権」と呼んで自己決定権(新しい人権)の一類型ととらえる見解もあります。

(3) 最後に、幸福追求権の内容の限界についても言及しておきます。

前記のとおり、幸福追求権は、「個人の尊厳」原理と結びついて、個人の人格的生存にとって必要不可欠な権利といえるものを、「新しい人権」として憲法上承認・保障する根拠となるものですから、その内容は、そのような権利といえるだけの極めて高い価値を有するものに限られるというべきです。仮にこの限度を超えて「新しい人権」を余りに広く認めすぎると、幸福追求権の内容が希釈され、憲法上承認・保障されるべきであるにもかかわらず一四条以下の個別的人権規定では保障されないものを保障するという重要な意義が失われてしまうと考えられます(前記1、裁判所が「新しい人権」を憲法上の権利として承認する場合には、諸要素を考慮して、慎重に行うべきであると解する見解参照)。

例えば、高校生がバイクに乗ることは個人の人格的生存にとって必要不可欠な権利とはい

えませんから、バイクに乗る自由を「新しい人権」と観念することはできません。この点に関し、某高等学校が標榜していたいわゆる「バイク三ない原則」は、社会通念上不合理とはいえないなどと判示した最判平成三年九月三日・判時一四〇一号五六頁があります。

三　リポートの作成について

リポートの作成に当たっては、名誉権、プライバシー権についてしっかりと論述することができれば十分です（自己決定権は、どちらかといえば応用的なものということができます。）。ただし、その前提として、いわゆる「新しい人権」は、憲法一三条の幸福追求権に保障の根拠が求められること、これは、「個人の尊厳」原理と結びついて、個人の人格的生存にとって必要不可欠な権利、自由を包摂する一般的包括的な権利であり、この幸福追求権によって基礎づけられる個々の権利は、裁判上の救済を受けることのできる具体的権利であることなど、憲法一三条の解釈論について正確な理解を示すことが重要というべきです。

また、該当箇所で述べたとおり、名誉権、プライバシー権は、他者の表現の自由と衝突することにより、重大な問題を生起させます。したがって、参考書等を読む場合には、幸福追求権の解説部分だけではなく表現の自由の「事前抑制禁止の法理」の部分等にも十分に注意を払うなど、視野を広く持つよう心掛けるとよいでしょう。また、重要判例が、最近のものも含めて多数ありますので、表現の自由の分野における学習ともよく関連づけながら、事案の概要や判旨の要点を整理しておくこと、その際、プライバシー権等を認めた判旨部分だけでなく、公共の福祉による制限など、プライバシー権等と対立する価値にも目を配り、判決の結論部分をしっかりと押さえることが大切です。

第6章　職業選択の自由

【設　題】

職業選択の自由について論ぜよ。

【解　説】

一　職業選択の自由の意義等

1　職業選択の自由は、自己の従事する職業を選択する自由であり、憲法二二条一項により保障されています。さらに、選択した職業を遂行する自由が不当に制限される場合には、職業選択の自由が実質的に保障されることにはならないので、これを遂行する自由（営業の自由）も、同条項により保障されていると理解できます。

2　職業選択の自由は、居住・移転の自由（憲法二二条二項）、財産権の保障（憲法二九条一項）と合わせて、経済的自由権と総称されます。経済的自由権は、市民が封建社会における経済的拘束から逃れて自由な経済活動を行うために主張された人権であり、かつては不可侵の権利として保障されました。つまり、経済的自由権も、その由来から、個人の精神活動の自由（精神的自由権）と同じく、人間の自由と生存にとって極めて重要な人権であることに変わりはないということができます。

しかし、現代においては、その性質上、社会的相互関連性が大きいなどの理由により、広く法律による規制を受ける人権であるととらえられています。したがって、職業選択の自由については、①その意義や内容を述べることにとどまらず、②精神的自由権の規制と比較しながら（二重の基準）、規制の根拠を明らかにすること、③規制の類型を明確にすること、④判例の理解を通じて合憲性判断基準を整理することの四つの視点に立って論述を進め、職業選択の自由の現代的意義を明らかにすることが大切です。

二　職業選択の自由規制の根拠・類型

1　職業選択の自由を含む経済的自由権は、表現の自由等の精神的自由権に比べて、広く法律による規制を受けるものです（二重の基準）。その理由としては、①経済的自由権は、これを制限する不当な立法がされたとしても、民主政の過程が正常に機能している限り、議会においてその制限を是正することが可能である（つまり、裁判所がその制限を是正するために積極的に介入する必要性が小さい。）こと、②経済的自由権の規制については、社会経済政策の妥当性・相当性の問題と関連することが多く、政策の当否についての審査能力が議会に比べて乏しいと考えられる裁判所は、明確に違憲と認められない限り議会の判断を尊重すべきであることの二点が挙げられます。

2　憲法二二条一項において、「公共の福祉に反しない限り」という留保が付けられているのは、職業選択の自由は広く法律による規制を受けることを明らかにしたものと理解されています。その規制の内容、目的は、次のとおり二種類のものに整理できます。

まず、第一に職業は、性質上、社会的相互関連性が大きい（つまり、ある職業を選択し、それを遂行することにより、同種の職業を選択し、それを遂行している者の営業活動等に相当の影響が及ぶことが避けられない。）ために、無制限な職業の選択、遂行が許されると、社会生活の安全や秩序が脅かされるおそれが大きいことによる規制です。このように、国民の生命や健康に対する危険の防止等を図るために課せられる規制を「消極目的規制」といいます。これに対して、第二に現代の社会国家、福祉国家においては、政策的な配慮に基づき、社会的・経済的弱者保護の要請（過当競争の排除による零細企業の保護等）が働きます。このような要請による規制を「積極目的規制」といいます。

3　規制を具体的にみると、①理容業等の届出制、②風俗営業、貸金業等の許可制、③医師、弁護士等の資格制、④電気、ガス等の公益事業の特許制などに類型化できます。これらを2の規制目的に応じて大まかに分類すると、①届出制、②許可制、③資格制については、その規制の程度が、社会生活の安全や秩序が脅かされるおそれの大きさに比例するもので、規制の目的を達成するために必要な最小限度にとどまらなくてはならないと理解される（つまり、消極目的規制に分類される。）ことが多いのに対し、④特許制は、事業企画や料金体系等に国家の強い管理を及ぼす必要性が認められることなどから、積極目的規制の典型例と考えられています。

ただし、このような分類は、あくまで大まかなものであり、実際に職業選択の自由規制立法の合憲性を判断するに当たっては、その立法目的や規制手段に基づいて具体的に検討する必要があります（規制類型が許可制であっても、立法目的や規制手段に鑑み、これを積極目的規制と認定して合憲判断をした判例もあります。）。そこで、次に、これまでの最高裁判所の判例に現れた合憲性判断基準を整理しておきます。

三　職業選択の自由規制立法の合憲性判断基準（判例の理解）

1　この合憲性判断基準について、一般的に、「合理性」の基準が用いられています。この基準は、職業選択の自由規制立法の立法目的と規制手段の双方について、一般人を基準として合理性が認められるか否かによって合憲か違憲かを判断するものです。原則として、議会の立法に合理性があることを前提とする考え方（合憲性推定）ですので、精神的自由規制立法の合憲性判断基準に比べて、緩やかな審査基準（つまり、違憲と判断される余地の小さい基準）ということができます。

この「合理性」の基準は、職業選択の自由規制の目的に応じて二種類に分けられています。

すなわち、消極目的規制の場合には、裁判所が、規制の必要性、合理性に基づき、「同じ目的を達成できる、より緩やかな規制手段」の有無を立法事実に基づいて審査する「厳格な合理性」の基準が用いられています。この立法事実とは、当該規制立法の立法目的と規制手段の合理性を支える社会的、経済的、文化的な一般事実のことをいいます。このような立法事実に着目せず、憲法と法律の条文だけを概念的に比較して合憲性を判断することになると、職業選択の自由規制の実態に適合しない、形式的で説得力の弱い判断になるおそれがあると考えられています。

一方、積極目的規制の場合には、「明白性の原則」が用いられます。これは、「当該規制措置が著しく不合理であることの明白である場合に限って違憲とする」という判断基準です。ここでは、議会の広い裁量が認められ、規制立法の「合理性」の有無の審査が緩やかに行われます。ただし、この場合にも、裁判所の違憲判断の余地を排除するものではないことに注意する必要があります。

2　小売市場距離制限事件（最大判昭和四七年一一月二二日・刑集二六巻九号五八六頁）

この事件は、一つの建物を小さく区切って、その区画を小売商の店舗用に貸付け等をする小売市場の開設許可条件として、既存の市場から一定の距離以上離れていることを要求する（距離制限による適正配置）という規制を課すことの合憲性が争われたものです（小売商業調整特別措置法三条一項）。最高裁は、経済活動の規制について、消極目的規制と積極目的規制とを区別し、そのうち積極目的規制については「明白性の原則」が妥当すると判断した上で、本件規制目的が、経済的基盤の弱い小売商を過当競争による共倒れから保護するという積極目的規制であると認定して、規制を合憲と判断しました。

この判決は、たばこ販売業の許可制と適正配置規制を合憲とした判決（最二小判平成五年六月二五日・判時一四七五号五九頁）に引用されています。同判決は、「たばこ事業法二二条は、（中略）製造たばこの小売販売事業について許可制を採用することとしたものであり、右許可制の採用は、公共の福祉に適合する目的のために必要かつ合理的な範囲にとどまる措置ということができる。そして、同法二三条三号（中略）による製造たばこの小売販売業に対する適正配置規制は、右目的のために必要かつ合理的な範囲にとどまるものであって、これが著しく不合理であることが明白であるとは認め難い。したがって、製造たばこの小売販売業に対する右規制が、憲法二二条一項に違反するということはできない。以上は、（小売市場距離制限事件判決）の趣意に徴して明らかである。」と判示しています。

3　薬局距離制限事件（最大判昭和五〇年四月三〇日・民集二九巻四号五七二頁）

この事件は、薬局の開設に適正配置（距離制限）を要求する旧薬事法六条二項等の合憲性が争われたものです。最高裁は、消極目的規制（許可制をとる警察的規制）については、規制の必要性、合理性の審査と、より緩やかな規制手段で同じ目的が達成できるか否かの検討が必要であるとした上で、薬局の距離制限は国民の生命・健康に対する危険の防止という消極目的のものであると認定しました。そして、薬局の開設の自由から、薬局の偏在による競争激化、薬局の経営不安定、不良医薬品の供給の危険性に至る因果関係を立法事実によって合理的に裏づけることはできず、規制の必要性と合理性の存在は認められない。また、この立法目的はより緩やかな規制手段（行政上の取締りの強化）によっても十分に達成できると判断して、規制を違憲と判断しています。

この判決は、酒類販売免許制について免許制を存置すべきものとした議会の判断を合憲と判断した判例（最三小判平成四年一二月一五日・民集四六巻九号二八二九頁）に引用されています。この判決の判示の要点は、「租税の適正かつ確実な賦課徴収を図るという国家の財政目的のための職業の許可制による規制については、その必要性と合理性についても立法府の判断が、右の政策的、技術的な裁量の判断を逸脱するもので、著しく不合理なものでない限り、これを憲法二二条一項の規定に違反するものということはできない。」というものです。ここからは、立法目的を消極目的規制と積極目的規制に、単純に二分することが難しいこともうかがわれます。

4　公衆浴場距離制限事件（最大判昭和三〇年一月二六日・刑集九巻一号八九頁）

この事件は、公衆浴場の開設に適正配置（距離制限）を要求する公衆浴場法二条等の合憲性が争われた事件です。最高裁は、開設を業者の自由にまかせると、偏在による利用不便のおそれと過当競争、衛生設備低下のおそれ等があるとして、国民保健・環境衛生を保持するための規制を合憲と判断しました。

なお、この点について、規制の立法目的は業者が経営の困難から転廃業をすることを防止するという積極的なものであると認定し、「明白性の原則」を適用して合憲と判断したものもあります（最二小判平成元年一月二〇日・刑集四三巻一号一頁）。これは社会経済環境の変化（いわゆる内ぶろの普及）に伴い、消極目的規制が積極目的規制ととらえられるようになったとも考えられます。

5　司法書士法違反事件（最三小判平成一二年二月八日・刑集五四巻二号一頁）

この事件は、司法書士以外の者が登記手続代理等の業務を行うことを禁止している旧司法書士法一九条（現行法七三条）等に違反して処罰を受けた行政書士が、同条が憲法二二条一項に反して違憲であると争ったものです。最高裁は、司法書士法の規定は、登記制度が国民の権利義務等社会生活上の利益に重大な影響を及ぼすものであることなどに鑑み、司法書士以外の者が、他人の嘱託を受けて、登記に関する手続について代理する業務及び登記申請書類を作成する業務を行うことを禁止し、これに違反したものを処罰することにしたものであって、この規制は公共の福祉に合致した合理的なものであるという趣旨の判断をしています。ここで、規制目的は明示されていませんが、「国民の権利義務等社会生活上の利益に重大な影響を及ぼすものである」という判示などから、これを消極目的規制であるととらえた上で合憲判断をした事例と理解することができます。

6　以上の重要判例の内容によれば、規制目的だけから単純に合憲か違憲かを割り切ることはできないことが分かります。この点については、規制の目的を重要な指標としつつ、それだけではなく規制の態様をも考え併せる必要があるとの見解がありますので紹介しておきます（芦部信喜・高橋和之補訂『憲法（第五版）』二一八頁）。この見解では、「同じ消極目的であっても、職業に新たに参入することの制限（職業選択の自由そのものの制限）は営業行為（選択した職業遂行の自由）に対する制限よりも一般に厳しく審査されるべきだし、参入制限についても、一定の資格とか試験のような要件ではなく、本人の能力に関係しない条件、すなわち本人の力ではいかんともなし得ないような要件（例えば競争制限的規制）による制限である場合には、薬局距離制限事件の最高裁判決のように、厳格にその合理性を審査する必要があろう。」として、「職業選択の自由そのものの制限」と「選択した職業遂行の自由」とを区別して理解する考え方が提示されています。

四　リポートの作成について

1　リポートの作成に当たっては、まず第一に、

職業選択の自由を含む経済的自由権は、表現の自由等の精神的自由権と同様に、国民が個人として尊重されるために（憲法一三条）不可欠の人権であることを押さえることが重要です。職業選択の自由が、広く立法の規制を受けることから、精神的自由権に比べて価値が低いかのような誤解をしてはならないといえます。

その上で、「私的経済活動の自由を原則とする近代市民社会においては、少数者への富の集中という弊害を生み、そこから、経済的、社会的弱者の保護が強く要請された。そこで、自由競争の弊害を是正し、国民の実質的平等を確保するために、職業選択の自由について立法による規制が容認されている。ただし、その規制の合憲性判断に当たっては、規制目的等により、場合によっては厳格な合理性の基準が妥当する。」という視点を持つようにしてく

ださい。

2 本設題は、職業選択の自由について論ぜよというものですが、該当箇所で述べたとおり、その保障の意義、規制の合憲性判断基準等の理解は、広く精神的自由権や生存権、平等原則等の理解にもつながるものといえます。したがって、参考書等を読む場合には、職業選択の自由の部分だけでなく、人権の項全体を見渡す意識で、視野を広くして取り組むことが大切です。また、重要判例が、最近のものも含めて相当数ありますので、それらの事案の概要や判旨の要点を整理しておくとよいでしょう。

第7章　「営業の自由」とその限界

【設　題】

「営業の自由」の限界について説明しなさい。

【解　説】

一　はじめに

憲法は、国家の組織・構造に関する基本法を意味し、大別すると、基本的人権の保障に関する規定と国家の統治機構に関する規定から成っていますが、国家による権力濫用と人権制限という歴史的事実に照らすならば、基本的人権の保障規定はもとより、統治機構の規定も国家の権限配分ないしその根拠となると同時に、制約根拠ともなり得ることから、憲法規範は、全体として、人権保障のシステムとして構成されていることが理解できるでしょう。言わば個人の尊厳を最高価値として位置づけ、それを実効的に保障するための国家の最高法規が憲法です。そして、それが容易に改廃できない、いわゆる硬性憲法であるとき、社会の進展、時代の新たな潮流に対応することが必ずしも容易ではないことなどから、「解釈」という作業が重要な使命を担うこととなります。すなわち、憲法の規定に直接に定められていない権利・利益について、憲法による保障が及ぶかどうかが問題となることがあり、その場合には、関連する憲法規定について、その規定に含まれるのかどうか、その内容はどのようなものとして理解すべきなのか、そして、保障が及ぶとしても、当該権利、利益の性格からみた限界はどうかなどについて、解釈によって確定してゆく作業が必要になります。本設題は、判例・学説上、ほぼ固まっている分野である営業の自由を題材に、そのような憲法解釈の意義及び作業について理解することを狙いとしています。また、これに関連して、抽象的な憲法規範の内容は、裁判を通じてその内容等が明らかにされることから、最高裁判例をじっくり読むことは、憲法を学習する上ではとても大切なことといえます。そのため、以下の解説においては、やや長くなりますが、関連する判例の判旨を掲げることとします。今後、自習する際にも、できる限り、憲法判例には親しんでほしいと思います。

憲法の学習ないし答案作成は、ややもすると政治評論的になるおそれもなくはありませんが、あくまで憲法という国家の最高規範の解釈についての学習であることに留意してください。

二　職業選択の自由と営業の自由

1　職業選択の自由の意義

憲法二二条一項は、職業選択の自由を保障しており、これは国民が自己の意思に基づいて、自己の欲する職業を決定し、獲得し、従事する自由であり、かかる国民の自由に国家がみだりに干渉してはならないことを意味していると考えられます。我々が社会において生計を維持して生活してゆくためには、一定の職業に就きそれに従事することが必要ですし、また、いかなる職業を選択するかということは、自己の知的興味・関心、資質・能力、そして当該職業の下における労働条件等を考慮しながらなされることが多く、その意味では、生活の基本的な在り方に深く関わることとですので、その選択に加えられる制約を極力排除しようとすることは、国民の人権の内容を構成するにふさわしいものといえます。したがって、この自由は、経済的自由の保障に重要な意義を有していますが、右に述べたように、個人の尊厳という人権の基本原理とも密接に結びついていることを忘れてはならないと考えられます。

2　営業の自由の憲法的保障

そしてまた、この職業選択の自由は、自由主義・資本主義を基調とする社会においては、職業に就く機会を保障することだけでは必ずしも十分とはいえず、各人が継続的にその職業に従事することができ、また、営業活動により利益を追求できることまでも保障することを要請しているといえます。すなわち、職業選択の自由を保障する上では、継続的な営利を目的とする自主的な活動である営業の自由が確保されることが必要であって、このような自由は、自由な経済活動を中核とする資本主義的経済社会の前提条件であるともいえましょう。

この点につき、小売市場の開設についての小売商業調整特別措置法における許可制の合憲性が争われた最大判昭和四七年一一月二二日・刑集二六巻九号五八六頁（以下「小売市場距離制限事件判決」といいます。）は、営業の自由の憲法上の位置づけについて、「憲法二二条一項は、国民の基本的人権の一つとして、職業選択の自由を保障しており、そこで職業選択の自由を保障するという中には、広く一般に、いわゆる営業の自由を保障する趣旨を包含しているものと解すべきであり、ひいては憲法が、個人の自由な経済活動を基調とする経済体制を一応予定しているものということができる」と述べています。また、営業の自由ないし職業活動の自由の意義について述べている最高裁判例としては、薬局開設についての距離制限を設けて許可制としている旧薬事法の規定の合憲性が争われた最大判昭和五〇年四月三〇日・民集二九巻四号五七二頁（以下「薬局距離制限事件判決」といいます。）も著名なものです。すなわち、「職業は、人が自己の生計を維持するためにする継続的活動であるとともに、分業社会においては、これを通じて社会の存続と発展に寄与する社会的機能分担の活動たる性質を有し、各人が自己のもつ個性を全うすべき場として、個人の人格的価値とも不可分の関連を有するものである。右規定（注：憲法二二条一項）が職業選択の自由を基本的人権の一つとして保障したゆえんも、現代社会における職業のもつ右のような性格と意義に照らすときは、職業は、ひとりその選択、すなわち職業の開始、継続、廃止において自由であるばかりでなく、選択した職業の遂行自体、すなわちその職業活動の内容、態様においても、原則として自由であることが要請されるのであり、したがって、右規定は、狭義における職業選択の自由のみならず、職業活動の自由の保障をも包含しているものと解すべきである。」としています。

したがって、現行憲法には、営業の自由を保障する明文の規定は存在しませんが、以上のような解釈によって、職業選択の自由の内容の一つとして、営業の自由も保障されているということができます。

3　営業の自由に関する他の考え方について

なお、営業の自由に関する別の解釈として、営業の自由を、営業をすることの自由と営業活動の自由とに区別して、後者の自由は財産権行使の自由として憲法二九条の問題であるとする考え方もあります。しかし、このような見解に対しては、営業の自由の内容を厳密に特定して理解する思考上の便宜にすぎず、実際問題として営業活動の自由から切り離された営業をすることの自由というものは観念し難く、また、区別する実益も乏しいとして、前記２のとおり、両者を含めて職業選択の自由の内容である営業の自由として理解するのが一般的な理解であるように思われます。

また、営業の自由は、歴史的には、国家による営業・産業規制からの自由であるだけでなく、何よりも、営業の「独占」と「制限」からの自由であって、必ずしも人権として追求されたものではなく、「公序」として追求されたものであったとして、営業の自由を職業選択の自由に含めることに反対する経済史学者の見解もありますが、憲法の領域では、経済秩序の問題ではなく、国家との関係における自由権として理解すべきであるとされています。このように、営業の自由が憲法の保障の下にあるかどうか、あるとしてもその根拠及び内容については争いがあり、解釈によって内容を明らかにする努力がなされているわけです。

三　営業の自由の限界

１　「公共の福祉」による制限

以上によれば、営業の自由は経済的自由権である職業選択の自由の一内容としての自由権として理解されます。その限界ないし制約原理としての「公共の福祉」に関する学説は多岐に分かれていますが、特に二二条、二九条にのみ自由権の制約原理として、明文で「公共の福祉」による制限が規定されていることの意味が問題となります。

この点については、大別すると、これらの経済的自由を他の自由権と区別することなく、注意的に「公共の福祉」による制限があり得ることを規定したと解する見解と、経済的自由は、精神的自由とは異なり、強度の政策的制約を許容する趣旨であることを明らかにしているとみる見解とに分けることができます。後者の見解は判例の採用するところであり、学説上も通説的見解であると考えられます。さきに取り上げた薬局距離制限事件判決は、「もっとも、職業は、前述のように、本質的に社会的な、しかも主として経済的な活動であって、その性質上、社会的相互関連性が大きいものであるから、職業の自由は、それ以外の憲法の保障する自由、殊にいわゆる精神的自由に比較して、公権力による規制の要請が強く、憲法二二条一項が『公共の福祉に反しない限り』という留保のもとに職業選択の自由を認めたのも、特にこの点を強調する趣旨に出たものと考えられる。」としています。そして、後者の見解は、職業選択の自由ないし営業の自由の規制を消極的・警察的規制と積極的・政策的規制とに分けて、規制の在り方及びその合憲性の判定について異なる基準を提示するもので、これが一般的な見解となっており、判例も同様ですので、次に、この消極目的規制と積極目的規制という考え方についてみてみることにしましょう。

２　消極目的規制と積極目的規制

消極的・警察的規制とは、いわば職業選択の自由における内在的制約として、他者の生命・健康への侵害を防止する目的を達成するための制約であり、積極的・政策的規制とは、より調和的な社会経済発展等のための専門的・技術的要素を勘案した国家による政策的配慮に基づく制約をいうものと理解されています。まず、これを明言したのは、小売市場距離制限事件判決で、次のように述べています。「おもうに、右条項（注：憲法二二条一項）に基づく個人の経済活動に対する法的規制は、個人の自由な経済活動からもたらされる諸々の弊害が社会公共の安全と秩序の維持の見地から看過することができないような場合に、消極的に、かような弊害を除去ないし緩和するために必要かつ合理的な規制である限りにおいて許されるべきことはいうまでもない。のみならず、憲法の他の条項をあわせ考察すると、憲法は、全体として、福祉国家的理想のもとに、社会経済の均衡のとれた調和的発展を企図しており、その見地から、すべての国民に勤労権を保障する等、経済的劣位に立つ者に対する適切な保護政策を要請していることは明らかである。このような点を総合的に考察すると、憲法は、国の責務として積極的な社会経済政策の実施を予定しているものということができ、個人の経済活動の自由に関する限り、個人の精神的自由等に関する場合と異なって、右社会経済政策の実施の一手段として、これに一定の合理的規制措置を講ずることは、もともと、憲法が予定し、かつ、許容するところと解するのが相当であり、国は、積極的に、国民経済の健全な発展と国民生活の安定を期し、もって社会経済全体の均衡のとれた調和的発展を図るために、立法により、個人の経済活動に対し、一定の規制措置を講ずることも、それが右目的達成のために必要かつ合理的な範囲にとどまる限り、許されるべきであって、決して憲法の禁ずるところではないと解すべきである。」。

このように消極的・警察的規制と積極的・政策的規制とを分けて検討する意義は、問題となる規制の合憲性を一律に判定するのではなく、きめ細やかな審査を行うことにあると考えられます。そして、このことは立法府と司法府との機能分担の理解にも連なります。そこで、合憲性判定基準について検討してみましょう。

3　合憲性判定基準

以上から、営業の自由ないし職業遂行の自由に関する制約には、消極的・警察的規制と積極的・政策的規制とがあり、規制措置の必要の有無、対象・手段・態様等を検討して、その規制目的を審査することになります。そして、積極的・政策的要請に基づく弱者保護等を目的とする積極目的規制と認められる場合には、そのような規制は、立法府が広く社会経済政策全体との調和を考慮しながら、相互に関連する諸条件に対する評価・判断を加えて行った政策的決定に基づくものであり、そのような流動性のある諸条件に対する適正な判定は、立法府がよりよくなし得るところですので、合憲性判定も、立法府の裁量的な判断を尊重して、比較的緩やかなものとならざるを得ないこととなります。したがって、司法府としては、立法府の判断を尊重し、その目的に照らして、著しい裁量権の逸脱がないかどうかを審査すべきこととなります。これに対し、その目的が国民に対する害悪発生の危険の防止・除去を目的とする消極目的規制の場合には、司法審査によりなじむと考えられることもあって、積極目的規制の場合よりも厳格な審査基準によるのが相当であることとなり、その規制が目的を達成するのに必要な限度を超えた規制になっていないかどうかを検討することになります。

この点につき、前述の小売市場距離制限事件判決は、積極目的規制に妥当する合憲性判定基準は、前記2のとおり、基本的には立法府の裁量的判断を尊重すべきであり、ただ、立法府がその裁量権を逸脱し、当該規制措置が著しく不合理であることが明白な場合には、違憲として、その効力が否定される旨述べ、いわゆる明白性の原則を採用することを明らかにしています。そして、小売商業調整特別措置法所定の「小売市場設置の許可制は、国が社会経済の調和的発展を企図するという観点から中小企業保護政策の一方策としてとった措置ということができ、その目的において、一応の合理性を認めることができないわけではなく、また、その規制の手段・態様においても、それが著しく不合理であることが明白であるとは認められない。」として、合憲判断を示しました。これに対し、薬局距離制限事件判決は、消極目的規制の場合には、より厳格な審査基準（厳格な合理性の基準ともいわれます。）によるべきである旨を明言しています。すなわち、この判決はまず、許可制に対する審査につき、「一般に許可制は、単なる職業活動の内容及び態様に対する規制を超えて、狭義における職業の選択の自由そのものに制約を課するもので、職業の自由に対する強力な制限であるから、その合憲性を肯定しうるためには、原則として、重要な公共の利益のために必要かつ合理的な措置であることを要する」として、その基本的な姿勢を明確にし、消極的・警察的目的の場合について、「それが社会政策ないしは経済政策上の積極的な目的のための措置ではなく、自由な職業活動が社会公共に対してもたらす弊害を防止するための消極的、警察的措置である場合には、許可制に比べて職業の自由に対するよりゆるやかな制限である職業活動の内容及び態様に対する規制によっては右の目的を達成することができないと認められることを要するもの、というべきである。」として、より厳格な基準によるべきことを明らかにしました。そして、旧薬事法の距離制限による適正配置規制は、「主として国民の生命及び健康に対する危険の防止という消極的、警察的目的のための規制措置であり、そこで考えられている薬局等の過当競争及びその経営の不安定化の防止も、それ自体が目的ではなく、あくまでも不良医薬品の供給の防止のための手段であるにすぎないものと認められる。すなわち、小企業の多い薬局等の経営の保護というような社会政策的ないし経済、政策的目的は右の適正配置規制の意図するところではなく」、小売市場距離制限事件判決で示された法理は本件の場合に適切ではない旨判示しています。その上で、旧薬事法の距離制限の必要性と合理性とを詳細に検討して、「その必要性と合理性を肯定しうるにはなおほど遠いものであり、この点に関する立法府の判断は、その合理的裁量の範囲を超えるものであるといわなければならない。」として、違憲判断を示しました。

したがって、これらの二つの判例によって、職業選択の自由（営業の自由）の限界・制約に関する違憲審査基準が確立されたわけです。これらについては、学説からもおおむね好意的に受け止められています。

4　制約の諸類型

以上のような、判例・学説の展開に基づき、分類整理されている制約の類型について概観すると、次のようになります。

(1)　営業の性質上の制限

反社会的性格をもつ職業は全面的に禁止されています。例えば、管理売春が売春防止法一二条で禁止・処罰されるのはこの例に当たります。

また、国家により資格を認定された者だけが従事することが許される職業があります。例えば、医師、歯科医師、看護婦、薬剤師、理容師、調理師、公認会計士、建築士、弁護士、税理士などがあり、人の生命・安全に関係することや、職業遂行上、専門知識や技術が必要であることなどがその根拠とされています。

衛生・風俗の維持、弊害の防止という警察目的から自由な営業を禁止し、許可制を採用しているものも性質上の制限の類型に含まれます。古物商、風俗営業、質屋、旅館、飲食店などがその例ですが、公衆浴場については、後記四を参照してください。

(2)　国の財政政策上の制限

国家の独占事業とされ、私人が営むことができないものもあります。塩の専売制がこれに当たります。また、酒類の販売は酒税法による免許が必要とされており、これは財政収入を確保するための規制であるとされています。

(3)　事業の公共性による制限

郵便事業の独占のほか、電気、ガス、水道、鉄道などの独占性を有するとともに、生活に必要不可欠な公益事業については、国家から権利の設定を受けることによってはじめて営むことが許されます。この場合、事業者に独占的な地位が保障される結果となりますが、他面、公権力による監督に服するものとし、特別の規制を加えるなどの考慮がなされています。

(4)　社会政策上の制限

百貨店営業に対する規制や、独占禁止・不当取引制限などがこれに当たりますが、これらは経済的弱者に対する保護・育成を目的とする積極目的規制に当たります。

四　公衆浴場距離制限事件合憲判決と薬局距離制限事件違憲判決

1　公衆浴場距離制限に関する二つの最高裁判決

薬局の配置規制についての距離制限を違憲とする判例があることは、これまでにみてきたとおりですが、同じ設置距離制限を内容とする規制であっても、公衆浴場設置に関する事件（最大判昭和三〇年一月二六日・刑集九巻一号八九頁〔以下「昭和三〇年判決」といいます。〕）については、合憲とする判断が示されています。そしてさらに、公衆浴場については、薬局距離制限事件判決が違憲判断を示した後も、改めて合憲とする判断がなされています（最二小判平成元年一月二〇日・刑集四三巻一号一頁〔以下「平成元年①判決」といいます。〕、最三小判平成元年三月七日・判時一三〇八号一一一頁〔以下「平成元年②判決」といいます。〕）。両者は、同じく競争制限を内容とし、その態様も距離制限という点で共通しているにもかかわらず、なぜ異なる判断がなされているのか、両者は矛盾するのかどうかなどについて、最後に、本解説の締めくくりとして、検討してみましょう。

2　昭和三〇年判決

公衆浴場法二条二項の距離制限条項を合憲と判断した理由は、次のとおりです「公衆浴場は、多数の国民の日常生活に必要欠くべからざる、多分に公共性を伴う厚生施設である。そして、若しその設立を業者の自由に委せて、何等その偏在及び濫立を防止する等その配置の適正を保つために必要な措置が講ぜられないときは、その偏在により、多数の国民が日常容易に公衆浴場を利用しようとする場合に不便を来たすおそれなきを保し難く、また、その濫立により、浴場経営を経済的に不合理ならしめ、ひいては浴場の衛生設備の低下等好ましからざる影響を来たすおそれなきを保し難い。このようなことは、上記公衆浴場の性質に鑑み、国民保健及び環境衛生の上から、できる限り防止することが望ましいことであり、従って、公衆浴場の設置場所が配置の適正を欠き、その偏在乃至濫立を来たすに至るがごときことは、公共の福祉に反するものであって、この理由により公衆浴場の経営の許可を与えないことができる旨の規定を設けることは、憲法二二条に違反するものとは認められない。」。

3　学説の反応

この判例が、浴場の偏在↓浴場の利用者の不便、浴場の濫立↓経営の不合理化↓衛生設備の低下を防止する必要があるとの論理で合憲の判断を導いていることについては、学説から強い批判を浴びました。つまり、距離制限をしても必要な地域への公衆浴場の設置を促進することにはならないし、集中することを防ぐことはできても偏在を防止することはできない以上、距離制限によって公衆浴場の衛生を確保するというのは目的と手段との合理的関連性がなく、「風が吹けば桶屋が儲かる」式の議論にすぎないとする批判がなされました。また、浴場が濫立して過当競争が行われると衛生設備が低下するという論理は逆であって、むしろ自由競争によって設備・サービス等の向上が図られるとみるのが現実的な論理であるなどという批判もあり、違憲の疑いが強い旨示唆する学説もありました。

もっとも、前記最判の論理を批判しつつも、公衆浴場は公衆衛生上不可欠の施設であり料金も許可制の下で統制されていること、付近住民しか利用しないという意味で経営に弾力性が乏しいこと、設備投資や維持費に多額の費用を必要とするのに他への転業の可能性が少ないことを理由に、公衆浴場の確保という見地から配置規制を合憲とする学説や、公衆浴場業は純然たる自由営業ではなく、電気、ガス、水道のような特許企業的性格をもつとし、そこに規制の根拠を求めることにより、合憲との結論を導く学説もありました。

4　その後の判例の展開

このような議論状況の下、昭和三〇年判決の判旨によると、公衆浴場法による距離制限は、国民保健及び環境衛生の観点からする消極目的規制とするもののように読めますので、この点、薬局距離制限事件判決と矛盾するのではないか、が問題となります。特に、薬局距離制限事件判決においては、昭和三〇年判決が示した「浴場の偏在→浴場の利用者の不便、浴場の濫立→経営の不合理化→衛生設備の低下を防止する必要がある」との論理にきわめて類似している「薬局等の乱設→競争激化→薬局等の経営不安定→不良医薬品の供給の危険等」という国側が主張した論理を、「単なる観念上の想定にすぎず、確実な根拠に基づく合理的な判断とは認め難い。」として排斥しており、厳格な判断を示したわけです。そこで、その後、これらの点について、改めて問題提起する事件が現れ、その制限規定を合憲とする平成元年①②判決がなされることとなりました。

(1) 平成元年①判決

まず、①の判決の判旨をみてみると、「公衆浴場が住民の日常生活において欠くことのできない公共的施設であり、これに依存している住民の需要に応えるため、その維持、確保を図る必要のあることは、立法当時も今日も変わりはない。むしろ、公衆浴場の経営が困難な状況にある今日においては、一層その重要性が増している。そうすると、公衆浴場業者が経営の困難から廃業や転業をすることを防止し、健全で安定した経営を行えるように種々の立法上の手段をとり、国民の保健福祉を維持することは、まさに公共の福祉に適合するところであり、右の適正配置規制及び距離制限も、その手段として十分の必要性と合理性を有していると認められる。もともと、このような積極的、社会経済政策的な規制目的に出た立法については、立法府のとった手段がその裁量権を逸脱し、著しく不合理であることの明白な場合に限り、これを違憲とすべきところであるところ、右の適正配置規制及び距離制限がその場合に当たらないことは、多言を要しない。」としています。ここでは、公衆浴場業の経営の安定を強調して積極的目的の規制としてとらえた上で、小売市場距離制限事件判決が採用した明白性の原則に依拠して判断しています。

⑵　平成元年②判決

次に、②の判決の判旨をみてみます。「おもうに、法二条二項による適正配置規制の目的は、国民保健及び環境衛生の確保にあるとともに、公衆浴場が自家風呂を持たない国民にとって日常生活上必要不可欠な厚生施設であり、入浴料金が物価統制令により低額に統制されていること、利用者の範囲が地域的に限定されているため企業としての弾力性に乏しいこと、自家風呂の普及に伴い公衆浴場業の経営が困難になっていることなどにかんがみ、既存公衆浴場業者の経営の安定を図ることにより、自家風呂を持たない国民にとって必要不可欠な厚生施設である公衆浴場自体を確保しようとすることも、その目的としているものと解されるのであり、前記適正配置規制は右目的を達成するための必要かつ合理的な範囲内の手段と考えられる」としています。ここでは、昭和三〇年判決が述べた、保健衛生の確保と厚生施設たる浴場の確保という消極的目的のみならず、これに加えて、既存業者の経営の安定確保という積極的目的の両面の規制目的が併存しているものと理解されています。

5　検　討

平成元年②判決は、昭和三〇年判決に積極目的規制の考え方を接合して合憲性を確認し、平成元年①判決は、昭和三〇年判決との関係について特段触れることなく、積極目的規制であると認定して、小売市場距離制限事件判決に基づき合憲であるとしています。両者の判決は、その意味で若干おもむきを異にしますが、いずれにしても積極目的規制であるとして、立法目的の理解に変化がみられる点で共通しています。恐らくは、このような判断の背景には、公衆浴場をめぐる情勢の大きな変化があるものと思われます。すなわち、昭和三〇年判決当時は、公衆浴場は増加する傾向にあり、競争の激化による経営の不安定化という懸念もあったと推測されますが、昭和四〇年代からは、自家風呂の普及に伴い、公衆浴場は減少に転じ、現在に至っても、その傾向に歯止めがかかっていないとされています。他方、公衆浴場を必要とする住民にとっては、公衆浴場は正に日常生活に不可欠な公共的施設であることに変わりはありません。この点、公衆浴場業の経営の斜陽化・廃業の危険にさらされつつある状況の下では、もはや立法当時のような過当競争の弊害を心配する必要はなく、むしろ、公衆浴場を確保するという社会政策的な目的において、積極的に既存業者を保護・助成する必要が一層強くなっているといえましょう。国の政策としても、昭和五六年には、「公衆浴場の確保のための特別措置に関する法律」が制定され、地方公共団体においても、確保浴場制度がとられるなど、公衆浴場の助成が図られるようになりました。このような現状の下では、社会政策的観点の重要性が高まり、浴場設置の距離制限もその経営安定のための一方策として必要かつ合理的であるとの位置づけを得られることとなります。その意味で、規定の外形上は、昭和三〇年代とは異なるところはありませんが、これをとりまく社会情勢が大きな変化を遂げた結果、実質的な規制目的も変容を余儀なくされたか、あるいは、当初からの立法目的として積極的目的も併存していたが、前記のとおりの社会情勢の変化により、積極的目的が存在していたことの自覚が促された結果、平成元年①②判決が現れたという見方も可能であろうと思われます。

五　おわりに

本設題には、憲法の明文の規定には存在しない自由（権利）が「解釈」によってその位置づけを得てゆく過程を見てみること、したがって、その内容や限界も他の自由（権利）との関係を考慮した調和的な「解釈」によって得られること、そして、いったん示された「解釈」も社会情勢の変化に即した解決が求められることにより、決して固定的なものではなく、絶えず検討を迫られていることなどを理解していただければ、その目的を達します。そして、最高裁判所によって示された「解釈」である判例こそが、生きた憲法学習の題材であることにも是非留意して、今後も学習を積み重ねていってほしいと思います。

第８章　財産権の保障

【設　題】

財産権の保障について論ぜよ。

【解　説】

一　はじめに

憲法二九条は、財産権の保障について規定しており、本設題は同条の内容を問う問題です。財産権の保障については、かねてから憲法上の重要な問題として取り上げられてきましたが、論点も多岐にわたり、見解の対立も少なくありません。また、二九条は、一項が「財産権は、これを侵してはならない。」と規定する一方、二項が「財産権の内容は、公共の福祉に適合するやうに、法律でこれを定める。」と規定し、さらに三項は「私有財産は、正当な補償の下に、これを公共のために用ひることができる。」と規定しており、各項の相互の内容を矛盾なく把握して解釈することが必要ですがなかなか容易ではありません。本設題は、財産権に関する憲法上の問題点を全体的、総合的に把握してもらうために出題したものです。

二　国家の任務と財産権のあり方についての考え方の変遷

財産権は、歴史的にみると、近代憲法において、神聖不可侵の人権と理解されていました（一七八九年のフランス人権宣言一七条など）。所有権は、他の自由権と同様に、人の生来の人権であり、人が人として存立する経済的基盤と考えられていたのでした。このような近代憲法における所有権の保障の上に資本主義経済が画期的な発展を遂げました。しかし、一九世紀の資本主義経済の高度化により、貧富の差の増大、労働条件の悪化等、様々な社会問題が発生し、その反省から、これまでの自由国家、消極国家の考え方（国家は社会の最小限度の秩序の維持と治安の確保という警察的任務のみを負うべきという考え方）から社会国家の考え方（国家は国民に対して実質的な自由と人間に値する生存を保障する積極的任務を有するという考え方）に変わって行きました。その結果、財産権も、一九一九年のドイツのワイマール憲法が規定するように「財産権は義務を伴う。その行使は、同時に公共の福祉に役立つべきである。」として、神聖不可侵の権利ではなく、広く社会的に制約された権利として考えられるようになりました。そして、第二次世界大戦後の憲法の大半は、このような考え方の下に、財産権を保障しています。第二次世界大戦後の昭和二一年に公布され翌二二年に施行された憲法の二九条の解釈においても、先に述べたような国家の任務や財産権のあり方に対する考え方の変遷を踏まえなければなりません。

三　憲法二九条一項について

憲法二九条一項は、「財産権は、これを侵してはならない。」と規定していますが、他方、二項は、「財産権の内容は、公共の福祉に適合するやうに、法律でこれを定める。」と規定しています。二項の存在から、一項は、法律で定める財産権の不可侵を定めたものではないか、言い換えると、立法府は財産権に対しては法律によってどのような制限を行うことも可能ではないかとの疑問が生じます。しかし、このような解釈では、二で述べたように財産権が広く社会的に制約された権利であるとの考えを基礎とするとしても、わざわざ最高法規である憲法の規定として一項を設けた意味が失われることになります。一項は財産権に関し憲法上何らかの保障を認めた規定と解するのが妥当です。

そして、通説は、一項は、私有財産制を制度として保障するとともに個人が現に有する具体的な財産権をも基本的人権として保障するものと解しています。

まず、通説は、財産権の神聖不可侵性が否定された現代において、財産権の憲法による保障の主な意味が財産を取得し保持する権利一般を制度として保障することにあると考えます。この「制度として保障する」というのは、立法府の制定する法律によっても制度の核心を侵害することができないことを意味し、制度的保障の一種と解されています（憲法が個人の自由、権利と異なる一定の制度に対して法律によってもその核心を侵害することができない特別の保障を与え当該制度自体を客観的に保障している場合を一般に「制度的保障」といい、他に大学の自治や政教分離があります。）。そして、通説は、この私有財産制の制度の核心は、生産手段の私有を基礎とした資本主義経済体制であると解しています。つまり、法律によって、資本主義経済体制を否定し社会主義ないし共産主義体制を実現することは、憲法上不可能であると解するのです。この他に、制度の核心を、人間が人間らしい価値ある生活を営む上で不可欠な物的手段の享有と解する見解もあります。しかし、この見解については、憲法上の明文の根拠を欠き、他方、通説の見解は、憲法二二条一項が「営業の自由」を保障していると解されることとも調和し、妥当と考えられます。

さらに、通説は、個人が現に有する具体的な財産権をも経済的自由権の一種である基本的人権として保障するものと解していますが、この見解は、一項が文言上「財産権」と規定している上、財産権が国民の社会経済活動の基礎となることから妥当と考えられます。ただし、財産権の保障も無制限ではなく、後に述べる二項の「公共の福祉」による制限や三項に基づく収用という二つの制約に服します。

判例は、最大判昭和六二年四月二二日・民集四一巻三号四〇八頁において、通説と同様、憲法二九条は「私有財産制度を保障しているのみでなく、社会経済活動の基礎をなす国民の個々の財産権につきこれを基本的人権として保障する。」としています。

なお、一項で保障される財産権とは、所有権よりも広く、その他の物権、債権を初め、無体財産権などの財産的価値を有するすべての権利が含まれます。

四　憲法二九条二項について

1「公共の福祉」による制限

憲法二九条二項は、「財産権の内容は、公共の福祉に適合するやうに、法律でこれを定める。」と規定し、この「公共の福祉」により財産権に対する制限が可能であるとしています。

では、この「公共の福祉」による制限とはどのような内容を有するものでしょうか。

まず、財産権も、他の基本的人権と同様に、各個人の基本的人権の共存を維持するという消極目的のための制約（内在的制約）を受けることは明らかです。財産権に対する内在的制約の根拠規定については、見解が分かれていますが、二九条二項の「公共の福祉」に根拠を求める見解が有力で、判例もこの見解に立つものと解されます（このような意味の公共の福祉は学説上「自由国家的公共の福祉」と呼ばれることがあります。）。他に一三条（「すべて国民は、個人として尊重される。生命、自由及び幸福追求に対する国民の権利については、公共の福祉に反しない限り、立法その他の、国政の上で、最大の尊重を必要とする。」）に根拠を求める見解や一三条、二九条を待つまでもなく人権に内在する制約であるとする見解もありますが、いずれの見解も具体的適用の結果には差異が生じないと考えられます。財産権に対する内在的制約による規制の具体例としては、他者の生命、健康などに対する侵害を防止するための規制（伝染病予防法、食品衛生法、消防法、宅地造成規制法による規制など）や災害の防止や相隣関係を律するための規制（建築基準法による規制など）などがあります。

また、憲法は、生存権（二五条）などの社会権を保障しており、社会国家の考え方に立っています。そして、国家が国民経済の円満な発展や社会公共の便宜の促進、経済的弱者の保護等の社会政策及び経済政策上の積極的目的を実現するためには、財産権の内容や行使に対し法律によって様々な規制を行う必要があります。そして、このような積極目的のための制約（政策的制約）による規制の根拠を二九条二項の「公共の福祉」に求める見解が一般的です（このような意味の公共の福祉は学説上「社会国家的公共の福祉」と呼ばれることがあります。）。財産権に対する政策的制約の具体例としては、私的独占を排除するための規制（独占禁止法）、借地人、借家人の保護を図るための規制（借地借家法）、耕作者の地位の安定と農業生産力の増進を図るための規制（農地法）などがあります。

さらに、内在的制約と政策的制約の両方が混在していると解される規制もあります。このような制約による規制の具体例としては、公害の防止、環境の保全のために制定された各種の公害立法や文化財保護のための文化財保護法などがあります。

2　制限の限界

(一)　1で述べたように、財産権は、内在的制約だけではなく政策的制約により広範囲に規制を受けますが、これらの規制も無制限ではありません。まず、三で述べたように私有財産制の核心を侵害するものであってはなりません。

(二)(ア)　また、少なくとも、合理的な制限の目的が明らかに認められなかったり、仮に目的が合理的でも規制がこの目的を達成する手段として必要性若しくは合理性を欠いていることが明らかな場合は憲法二九条二項に反すると解されるでしょう。この点につき、先に述べた最大判昭和六二年四月二二日は、「財産権は、それ自体に内在する制約があるほか、……立法府が社会全体の利益を図るために加える規制により制約を受けるものであるが、この規制は、財産権の種類、性格等が多種多様であり、また、財産権に対し規制を要求する社会的理由ないし目的も、社会公共の便宜の促進、経済的弱者の保護等の社会政策及び経済政策上の積極的なものから、社会生活における安全の保障や秩序の維持等の消極的なものに至るまで多岐にわたるため、種々様々でありうるのである。したがって、財産権に対して加えられる規制が憲法二九条二項にいう公共の福祉に適合するものとして是認されるべきものであるかどうかは、規制の目的、必要性、内容、その規制によって制限される財産権の種類、性質及び制限の程度等を比較考慮して決すべきものであるが、裁判所としては、立法府がした右比較考慮に基づく判断を尊重すべきであるから、立法の規制目的が前示のような社会的理由ないし目的に出たとはいえないものとして公共の福祉に合致しないことが明らかであるか、又は規制目的が公共の福祉に合致するものであっても規制手段が右目的を達成するための手段として必要性若しくは合理性に欠けていることが明らかであって、そのため立法府の判断が合理的裁量の範囲を超えるものとなる場合に限り、当該規制立法が憲法二九条二項に違背するものとして、その効力を否定することができるものと解するのが相当である。」と判示しました。そして、この判決は、旧森林法一八六条が持分二分の一以下の森林共有者について民法二五六条一項の特則として分割請求を認めていないことが憲法二九条二項に違反するかどうかが争われた事案につき、この規定が森林の細分化を防止して森林経営の安定を図り、ひいては森林の保続培養と森林の生産力の増進を図りもって国民経済の発展に資するという立法目的をもち、それは公共の福祉に合致しないことが明らかであるとはいえないとしながら、この分割請求の禁止という財産権の制限の必要性と合理性とを詳細に検討して、この立法目的との関係で必要性と合理性のいずれも肯定できないことが明らかであるとして違憲と判示しました。

(イ)　ところで、判例は、財産権と同じ経済的自由権に含まれ、憲法二二条一項により保障されている営業の自由に対する制限の合憲性判定基準として、規制目的に応じた二つの基準を用いていると一般的に解されています。

最大判昭和四七年一一月二二日・刑事二六巻九号五八六頁は、小売商業調整特別措置法が小売市場の開設を許可する条件として適正配置の規制を課していることの合憲性が争われた事件（小売市場距離制限事件）で、経済活動の規制について積極目的規制と消極目的規制を区別し、積極目的規制に対しては「明白性の原則」（当該規制措置が著しく不合理であることの明白である場合に限って違憲となり、そうでない限り立法府の政策的、技術的な裁量に委ねられている。）が妥当するとしました。そして、この適正配置の規制の目的が経済的基盤の弱い小売商を相互間の過当競争による共倒れから保護するという積極的なものであると認定して、規制を合憲としました。

さらに、最大判昭和五〇年四月三〇日・民集二九巻四号五七二頁は、旧薬事法が薬局の開設に関して距離制限の規制を課していることの合憲性が争われた事件（薬局距離制限事件）で、消極目的規制については、規制の必要性・合理性の審査と、より緩やかな規制手段で目的を達成できるかどうかの有無の検討を要するとして、より厳格な審査基準（「厳格な合理性の基準」ともいわれます。）を採用しました。そして、薬局の距離制限は国民の生命、健康に対する危険の防止という消極目的であると認定し、距離制限の必要性と合理性とを詳細に検討して、必要性と合理性を肯定することはできないとして違憲としました。

これに対し、先に述べた最大判昭和六二年四月二二日は、財産権に対する制限につき営業の自由の場合のような消極目的規制と積極目的規制との区別による合憲性判定基準を示しておらず、旧森林法一八六条の立法目的を一見積極目的ともいえるものであるとしながら、最大判昭和五〇年四月三〇日と同じように手段である分割請求の禁止の必要性と合理性を詳細に検討しています。このため判例における財産権に対する制限の合憲性判定基準と営業の自由に対する制限の合憲性判定基準とが異なるのか否かについて評価が分かれており、この点明確ではありません。ただ、財産権は、最大判昭和六二年四月二二日が判示するように多種多様で種類、性格がそれぞれ異なります。また、制限の程度も幅があります。さらに、財産権に対する規制目的も内在的制約に基づく消極目的と政策的制約に基づく積極目的とを合わせて有する制限もあります。これらの点を考慮すると、財産権に対する制限を規制目的の違いで二分することは相当困難であると思われます。したがって、財産権に対する制限については、規制目的によって合憲性判定基準を二つに分けるのではなく、規制目的を判断の重要な要素としつつ、財産権の種類、性質、制限の程度等を総合考慮し、事案に応じて合憲性を判断するということも十分な妥当性を有すると思われます。

3　二項による制限と三項の補償の要否との関係

従来、一項が財産権を侵してはならないとし、他方、二項が財産権の内容を定めるのにつき補償を要するとは規定していないことを根拠に、二項によっては、財産権を剥奪し又はそれと同視されるような制限はなし得ず、その反面、二項による制限の場合には三項による補償は要しないとする見解が有力でした。

しかし、二項によって財産権を剥奪し又はそれと同視できるような制限をなし得ないというのは、現代の社会国家における政策的制約による規制の必要性からすれば、妥当ではありません。また、二項による制限の場合に一律に三項の補償を要しないと考えるのは妥当ではなく、二項による制限としてどのような規制が許されるかということと、その制限について補償を要するか否かというのは別個の観点からの問題であり、二項による制限であっても三項による補償が必要な場合もあると解するのが妥当です。結局、二で述べたような限界はあるものの、二項による制限は、財産権を剥奪し又はそれと同視できるようなものも含めて可能で、ただ、三項による補償を要する場合も生じると解するのが妥当であり、最近では、このような見解の方が支持されています。

4 条例による制限の可否

二九条二項は、財産権の制限については「法律でこれを定める」としていることから、地方公共団体の制定する条例では財産権を制限できないのではないかという疑問が生じます。しかし、憲法は、地方公共団体に条例制定権を認めており（九四条）、法律の委任がなければ地方公共団体は財産権に対し一切の制限を定めることができないと解する積極的根拠がないこと、条例は地方公共団体の議会において法律と同様に民主的な手続によって制定される法であること、地方的な特殊事情の下での規制についてまで法律を要求することには疑問があることから、条例による財産権の制限も可能と解されます。この問題が争われた奈良県ため池条例事件判決（最大判昭和三八年六月二六日・刑集一七巻五号五二一頁）は明確な判断を示しているとは必ずしもいえませんが、ため池の堤とうに竹木・農作物を栽培したり建物等の工作物の設置を禁止した条例を合憲として、条例による財産権の制限を認めました。そして、現在では、公害規制条例等、条例による財産権の制限が頻繁に行われています。

五 憲法二九条三項について

1 「公共のために用ひる」の意義

「公共のために用ひる」とは、現在では、直接公共事業のために国民の財産を収用・制限する場合（公用収用、公用制限）に限られず、広く社会全般の利益のために、国民の財産を取得し、あるいは制限する場合も含まれると解されています。したがって、取得された財産が結果的に他の特定の個人に売り渡されてこの個人が利益を受けるような場合も、それが広く社会全般の利益のためであれば許されるのです。判例も、最大判昭和二七年一月九日・刑集六巻一号四頁は食糧管理法令上の供出制度につき、最大判昭和二八年一二月二三日・民集七巻一三号一五二三頁は第二次世界大戦後の自作農創設のための農地改革における土地買収につき、それぞれ三項によるものと解しています。

2　補償の要否

そこで、どのような場合に補償が必要とされるのかが問題となります。従来から、三項の補償は国民に課される「特別の犠牲」に基づく損失に対する償いであり、国民に「特別な犠牲」を課す場合に補償を有すると解されてきました。

では、何が「特別の犠牲」に当たるのでしょうか。先に三で述べたとおり、一項は私有財産制の保障とともに国民が現に有している具体的な財産権をも保障していると解されます。そこで、従来からの多数説は、前者の私有財産制の保障の点から問題となる犠牲が一部の者に課されているか一般的な制限かという形式的基準が導かれ、後者の財産権の保障の点から、問題となる犠牲が財産権に内在する社会的制約として受忍すべき限度内かそれを超えて財産権の剥奪または剥奪と同視できるような本質的に強度な制限であるか否かという実質的基準が導かれ、これらの形式的基準と実質的基準が合わせ考慮されることになると解しています。そして、具体的には、直接公共事業に供する公用収用や公用制限に補償を要することは明らかです。また、政策的制約に基づく積極目的による規制において、一部の者のみに負担を課す場合や財産権を剥奪するか剥奪すると同視できるような場合にも補償を要すると解されています。内在的制約に基づく消極目的による規制の場合には争いがあり、一切補償を要しないとする見解と補償を要する場合もあり得るとの見解があります。

判例もこのような形式的基準と実質的基準を合わせ考慮する見解に立つものと解されます。先に述べた奈良県ため池条例事件判決（最大判昭和三八年六月二六日）は、奈良県ため池条例による土地利用制限を当然に受忍しなければならない制限であるとして補償を不要とした例です。他方、相当の資本を投入してきた砂利採取業者が河川附近地制限令により採取行為が要許可事項とされたことにより被る損失につき、最大判昭和四三年一一月二七日・刑集二二巻一二号一四〇二頁は、一般的に当然に受忍すべき制限の範囲を超え特別の犠牲を課したものとみる余地が全くないわけではなく補償を請求できる余地があるものとしています。

3 「正当な補償」の意義

「正当な補償」としてどのような程度の補償を要するかについては、従来から、当該財産権に対して制限を加える目的、必要性の程度、社会的経済的事情等から総合的に考慮して合理的と考えられる相当な額で足りるとする見解（相当補償説）と、当該財産権の持つ客観的な貨幣価値をもってする補償のほか、収用等に伴い通常生じうる損失を要するとする見解（完全補償説）とが対立しています。この問題は、第二次世界大戦後の自作農創設のための農地改革において、極めて低廉な買取価格で買収が行われた点を巡って大いに争われました。先に述べた最大判昭和二八年一二月二三日は、農地改革における農地買取価格につき相当補償説をとり、その価格を「正当な補償」と判断しました。しかし、最判昭和四八年一〇月一八日・民集二七巻九号一二一〇頁は、土地収用法における損失補償につき、「その補償は、特定の公益上必要な事業のために土地が収用される場合、その収用によって当該土地の所有者などが被る特別の犠牲の回復を図ることを目的とするものであるから、完全な補償、すなわち、収用の前後を通じて被収用者の財産価値を等しくならしめるような補償をなすべきである」としています。

先に述べたように損失補償は国民に特別の犠牲を課すことに基づく損失に対する償いであることからみて、損失補償の制度は国民の一般的な負担に転嫁させて経済面において平等原則（一四条）を実現する制度と解されます。このような理解に基づくならば、基本的には完全補償説が妥当でしょう。しかし、例外的に、農地改革のように、既存の財産法秩序を構成していたある種の財産制度や財産権を許容しがたいものとして変革し、当該財産を公共のために用いるという例外的な場合は、相当の補償でよいと解されます。

なお、完全補償を基本とするといっても、先に述べた財産権自体の貨幣価値等に加えて生活を再建するための生活補償費まで含むかどうかについては、完全補償説の立場の中でも見解が分かれています。

4 補償規定を欠く場合について

法令が財産権の制限を認める場合に憲法上補償が必要と解されるのに、補償に関する規定が設けられていない場合、直接、三項に基づき補償を請求できるか否かが問題となります。財産権は憲法が保障する具体的な権利であり、三項は正当な補償を要すると明確に定めていますし、補償額は財産の価値を基準にして客観的に把握することが可能ですので、通説は、このような場合に直接三項に基づき補償を請求できると解しています。先に述べた最大判昭和四三年一一月二七日も肯定する見解に立っています。

六 おわりに

財産権の保障は、従来から論じられてきた重要な問題であり、論点も多岐にわたります。しかし、まずは、財産権が相当広範な社会的規制を受ける基本的人権であるという財産権に対する基本的な考え方や国家の積極的な任務を押さえた上で、憲法二九条の各条項あるいは各論点相互の関連性に十分目を配って、学習していただきたいと思います。

第9章　選挙権と法の下の平等

【設　題】

選挙権と法の下の平等について論ぜよ。

【解　説】

一　はじめに

憲法は、一四条一項において、すべて国民は法の下に平等であると定めるとともに、政治の領域におけるその適用として、議会制民主主義の根幹をなす選挙権について、一五条一・三項、四四条ただし書の規定を設け、選挙権の平等を保障しています。選挙権の平等については、議員一人当たりの選挙人数又は人口の不均衡による一票の重みをめぐって、近時、大いに論じられており、最高裁は、衆議院議員選挙における旧公職選挙法一三条一項、別表第一による選挙区及び議員定数の定め（中選挙区単記投票制における議員定数配分規定）の合憲性が争われた、いわゆる議員定数訴訟の判決（最大判昭和五一年四月一四日・民集三〇巻三号二二三頁―以下「五一年判決」といいます。―最大判昭和五八年一一月七日・民集三七巻九号一二四三頁、最大判昭和六〇年七月一七日・民集三九巻五号一一〇〇頁、最二小判昭和六三年一〇月二一日・民集四二巻八号六四四頁、最大判平成五年一月二〇日・民集四七巻一号六七頁）において、また、小選挙区選出議員の選挙についていわゆる一人別枠方式を含む区割基準を定める衆議院議員選挙区画定審議会設置法（区画審設置法）三条及び同基準に従って選挙区割りを定める公職選挙法一三条一項、別表一の各規定（以下「区割規定等」といいます。―平成六年に公職選挙法の一部改正が行われ、衆議院議員の選挙制度は、従来の中選挙区単記投票制から小選挙区比例代表並立制に改められた。）の合憲性が争われた、いわゆる区割規定等違憲訴訟の判決（最大判平成一一年一一月一〇日・民集五三巻八号一四四一頁、最大判平成一九年六月一三日・民集六一巻四号一六一七頁、最大判平成二三年三月二三日・民集六五巻二号七五五頁）において、その基本的な見解を明らかにしています。

二　選挙権の法的性質

選挙権の法的性質についての学説には、公務説、二元説、権限説、（個人的）権利説があります。

しかし、現憲法下では、選挙権を専ら選挙という公の職務を執行する義務であると解する公務説をとるものは見当たりません。

二元説は、選挙権を、選挙人の国家意思の形成に参与する権利であると同時に、選挙という公の職務を執行する義務であると解する説で、現在の通説的な見解です。二元説の特色は、選挙権が権利としての性質と公務としての性質を併有し、権利の制限、特に権利を享有する資格の制限が、選挙権の公務的性質を考慮して法律によって課される点において、自然権を基礎にした人が人たるゆえに享有する通常の人権と区別されるところにあります。また、今日の二元説は、選挙権の権利的性質と公務的性質を同質・同等のものと考えるのではなく、その権利的性質を重要視しています。

権限説は、選挙を選挙人団の構成員としての権限の行使ととらえ、選挙権を、選挙人資格の請求権として実定法上認められる選挙人団加入請求権であると解する説です。

（個人的）権利説は、選挙権の公務としての性質を否定し、選挙権を権利としての性質だけを有するものと解する説ですが、その内容については、これを自然権としてとらえるもの、主権的権利であると主張するものなど、さまざまです。権利説のうち、近時の有力説といってよい見解は、「人民主権」を基礎に選挙権を構成する見解で、「人民主権」の下においては、主権は「人民」に帰属し、「人民」の各成員は主権に参加する固有の権利を持ち、主権を分有するから、主権の行使に参加する権利である選挙権は当然権利であるとするものです。

しかし、二元説も権利説も選挙権の基本的権利としての性格を認める点では基本的に一致しています。両説の具体的な対立点は、選挙権について、二元説は、その公務的性質に由来する制約が法律によって課されることを認めるのに対して、権利説は、権利の内在的な制約のみ認め、立法府の裁量そのものを否定する点にあるといわれています。最高裁は、「五一年判決」において、「選挙権は、国民の国政への参加の機会を保障する基本的権利として、議会制民主主義の根幹をなすものであり」「基本的な政治的権利」であると判示するなど選挙権の権利性を強調しています。しかし、同時に、最高裁は、後に述べるように、「五一年判決」をはじめとする一連の議員定数訴訟判決及び区割規定等違憲訴訟判決（以下「議員定数訴訟判決等」という。）において、議員定数の配分規定ないし区割規定等について、立法府の裁量を認めています。いずれにしても、選挙権の権利性を強く認識すればするほど、議員一人当たりの選挙人数又は人口の均衡を厳格に要求することになり、かつ、立法府の裁量の枠を狭く限定することになると思われます。

三　選挙権の平等と投票価値の平等

選挙権の平等が、複数選挙制（特定の範囲の者だけに複数の投票権を与える制度）や等級選挙制（選挙人の間に納税額等による種別を設けその種別ごとに選挙人数と不均衡な割合の数の議員を選出させたりする制度）を否定する意味での一人一票の原則を保障するものであることは、異論のないところですが、更に進んで各選挙区間の選挙人の投票価値（各投票が選挙の結果に及ぼす影響力）の平等をも保障するものでしょうか。

「五一年判決」は、憲法一四条一項、一五条一・三項、四四条ただし書の「規定を通覧し、かつ、右一五条一項等の規定が……選挙権の平等の原則の歴史的発展の成果の反映であることを考慮するときは、憲法一四条一項に定める法の下の平等は、選挙に関しては、国民はすべて政治的価値において平等であるべきであるとする徹底した平等化を志向するものであり、右一五条一項等の各規定の文言上は単に選挙人資格における差別の禁止が定められているにすぎないけれども、単にそれだけにとどまらず、選挙権の内容、すなわち各選挙人の投票の価値の平等もまた、憲法の要求するところであると解するのが、相当である」と判示し、その後の最高裁の議員定数訴訟判決等においてもこの考えが踏襲されています。

学説には、消極説もありますが、各選挙区間における投票価値の平等は、選挙権の平等の最も重要な内容であり、憲法の保障する法の下の平等が当然に要請する原則であるとする積極説が通説です。

もっとも、投票価値の平等の憲法上の根拠については、見解が分かれています。

従来、学説は、一四条一項の「法の下の平等」に主たる根拠をおくものが一般でした。これに対し、近時の学説には、「五一年判決」が一四条一項、一五条一・三項、四四条ただし書をいわば並列的に挙げているのを批判し、一四条一項の規定よりも、一五条一・三項、四四条ただし書の規定を憲法上の根拠として重視する見解があります。その理由としては、一四条を中心に理論構成する場合には、一四条についての従来の通説が合理的差別を許容する相対的平等説であることから、議員一人当たりの選挙人数又は人口の不均衡についても、差別の合理性が主たる論点となり、違憲判断の基準は裁量権行使の合理性に求められるのに対し、一五条、四四条ただし書による場合には、「形式的平等」の原理が妥当し、選挙権の平等を実現するために立法裁量が制限されることになるということがいわれています。この見解に対しては、一四条を根拠にしたから当然に立法府の広い裁量が肯定されるわけではないなどの批判がなされています。また、四三条一項を根拠として挙げる見解もあります。

いずれを憲法上の根拠とするにせよ、選挙権の平等は、国民をただ国民であるという一事によって平等に取り扱うことを要求するという意味で、「絶対的平等」、「形式的平等」の理念が妥当し、さまざまな相違を属性とする「人間を人間として」扱う憲法一四条の一般的平等原則の適用上の平等とは性格を異にするのですから、議員一人当たりの選挙人数又は人口の不均衡による投票価値の不平等が憲法に違反するか否かの判断についても、一般平等原則についての違憲・合憲の判断基準とされている「合理的な差別」であるか否かの基準がそのまま妥当するものではないことに留意する必要がありましょう。

四　投票価値の平等の限界

憲法上要求される選挙人の投票価値の平等は、議員一人当たりの選挙人数又は人口が絶対的、数字的に等しいことまで要求するのでしょうか。また、憲法は、国会両議院の選挙について、議員の定数、選挙区、投票方法その他選挙に関する事項は法律で定めるべきものとし（四三条二項、四七条）、両議院の議員を選挙する制度の仕組の具体的決定を原則として国会の裁量に委ねていますが、この国会の裁量権と投票価値の平等をどのように調整すべきでしょうか。投票価値の格差の許容限度、あるいは国会の合理的裁量権の限界を画する基準をどう考えたらよいのでしょう。以下、この点についての最高裁の考え方と学説を検討してみましょう。

1　最高裁の考え方

「五一年判決」は、「投票価値の平等は各投票が選挙の結果に及ぼす影響力が数字的に完全に同一であることまで要求するものと考えることはできない。」とし、「憲法は、……投票価値の平等についても、これをそれらの選挙制度の決定について国会が考慮すべき唯一絶対の基準としているわけではなく、国会は、衆議院及び参議院それぞれについて他にしんしゃくすることのできる事項をも考慮して、公正かつ効果的な代表という目標を達成するために適切な選挙制度を具体的に決定することができるのであり、投票価値の平等は、……原則として、国会が正当に考慮することのできる他の政策的目的ないし理由との関連において調和的に実現されるべきもの」であるとした上、「国会がその裁量によって決定した具体的な選挙制度において現実に投票価値に不平等が生じている場合には、それは、国会が正当に考慮することのできる重要な政策的目的ないし理由に基づく結果として合理的に是認することができるものでなければならない」と判示しています。

つまり、最高裁は、選挙制度の具体的決定に関し不平等をもたらす国会の裁量権の行使につき、憲法の投票価値の平等の要請がその合理的な限界を画するものとして働くことを明らかにし、国会が決定した具体的選挙制度に合理的に是認することのできないような投票価値の不平等が生じている場合には、その選挙制度は違憲になると考えているのです。

そして、最高裁は、衆議院議員選挙における選挙区割りや議員定数の配分を決定するについては、「憲法は、……議員一人当たりの選挙人数又は人口ができる限り平等に保たれることを最も重要かつ基本的な基準とすることを求めているというべきであるが、それ以外にも……（都道府県、市町村等の行政区画、地理的状況、人口の都市集中化の現象等の社会情勢の変化等の）種々の政策的及び技術的考慮要素（非人口的要素）があり、これらをどのように考慮して具体的決定に反映させるかについて一定の客観的基準が存在するものでもないから、選挙区割りや議員定数の配分を定める規定の合憲性は、結局は、国会が具体的に定めたところがその裁量権の合理的行使として是認されるかどうかによって決するほかない」（前掲最大判平成一九年六月一三日）として、国会の裁量権行使の合理性を問題にし、合理性の判断基準として、第一に、投票価値の不平等の程度、第二に、是正のための合理的期間の経過（ただし、制定又は改正当初定数配分規定又は区割規定が合憲であったのに、その後の漸次的事情の変化により合憲性の要件を欠くに至った場合）の二点を挙げています。最高裁は、裁量権の限界を画する基準が本来一定の厳密な数値にはなじみにくいことなどから、合理的裁量を超えるとされる具体的数値を示していません。

中選挙区単記投票制に関する一連の議員定数訴訟判決からすると、衆議院議員の定数配分規定に関する限り、第一の不平等の程度については、選挙区間の議員一人当たりの人口の最大値と最小値の比率一対三、第二の合理的期間の経過については、旧公職選挙法別表第一の末尾に、「施行後五年ごとに直近に行われた国勢調査の結果によって更正するのを例とする」旨の規定があることから、五年を、一応の目安としているものと思われます。

一方、区画審設置法によれば、衆議院議員選挙区画定審議会は、小選挙区選出議員の選挙区の改定に関し、必要があるときは、その改定案を作成して総理大臣に勧告するものとされている（二条）ところ、右改定案を作成するに当たっては、各選挙区の人口の均衡を図り、各選挙区の人口のうちその最も多いものを最も少ないもので除して得た数が二以上にならないようにすることを基本とするものとされ（三条一項）ており、また、右の勧告は、統計法五条二項本文の規定により一〇年ごとに行われる国勢調査の結果による人口が最初に官報で公示された日から一年以内に行うなどとされています（四条一項）。

区割規定等違憲訴訟判決をみると、前掲最大判平成一九年六月一三日（平成一七年九月の総選挙）は、選挙人数が最も少ない選挙区と選挙人数が最も多い選挙区の人口較差（選挙区間の選挙人数の最大較差）が一対二・一七一であった区割規定等について、憲法の投票価値の平等の要求に反する状態に至っていなかったとしているが、その後前掲最大判平成二三年三月二三日（平成二一年八月の総選挙）は、選挙区間の選挙人数の最大較差が一対二・三〇四であり、選挙人数が最も少ない選挙区と比べて較差が二倍以上となっている選挙区が四五生じていた区割規定等について、区割基準のうち一人枠方式に係る部分、同規準に従って平成一四年に改定された選挙区割りは、いずれも憲法の投票価値の平等の要求に反する状態に至っていたとしています。合理的期間については、区画審設置法四条一項の規定に照らすと、一応一〇年が目安になるものと思われますが、前掲最大判平成二三年三月二三日は、小選挙区比例代表並立制導入後の最初の総選挙が平成八年に実施されてから既に一〇年以上経過し、その間、平成一四年に選挙区割りの改定が行われたにとどまるものの、前掲最大判平成一九年六月一三日おいて、一人別枠方式を含む本件の区割規準及び本件の選挙区割りについて憲法の投票価値の平等の要求に反するに至っていない旨の判断が示されていたことなどを考慮すると、憲法上要求される合理的期間内に是正がされなかったものということはできないとしています。

なお、参議院議員の選挙における投票価値の平等については、参議院地方選出議員（昭和五七年の公職選挙法改正後の比例代表選出議員）の定数配分規定の合憲性が争われた訴訟の判決（最大判昭和五八年四月二七日・民集三七巻三号三四五頁、最大判平成八年九月一一日・民集五〇巻八号二二八三頁、最大判平成一〇年九月二日・民集五二巻六号一三七三頁、最大判平成一二年九月六日・民集五四巻七号一九九七頁、最大判平成一六年一月一四日・民集五八巻一号五六頁、最大判平成一八年一〇月四日・民集六〇巻八号二六九六頁、最大判平成二一年九月三〇日・民集六三巻七号一五二〇頁、最大判平成二四年一〇月一七日・民集六六巻一〇号三三一一頁）において、最高裁の見解が示されている。すなわち、これらの判決は、参議院議員の選挙制度の仕組みは、参議院議員について、全国選出議員と地方選出議員に分け、前者については全国の区域を通じて選挙するものとし、後者については都道府県を各選挙区の単位としたものである

（この仕組みは、昭和五七年改正後の比例代表選出議員と選挙区選出議員から成る選挙制度の下においても基本的に同様である。）ところ、昭和二二年の参議院議員選挙法及び同二五年の公職選挙法の制定当時において、このような選挙制度の仕組みを定めたことが、国会の有する裁量権の合理的な行使の範囲を超えるものであったということはできないとし、参議院の選挙制度では、衆議院の選挙制度の場合より、投票価値の平等が譲歩を求められる度合いが強いことを前提とした上で、社会的、経済的変化の激しい時代にあって不断に生ずる人口変動の結果、投票価値の著しい不平等状態が生じ、かつそれが相当期間継続しているにもかかわらずこれを是正する措置を講じないことが、国会の裁量権の限界を超えると判断される場合には、当該議員定数配分規定が憲法に違反するに至るものと解するのが相当であると判示している。そして、前掲最大判昭和五八年四月二七日は、選挙区間における議員一人当たりの選挙人数の最大較差が一対五・二六の不均衡について、違憲の問題が生じる程度の著しい不平等状態が生じていたとすることはできないとしたが、その後、前掲最大判平成八年九月一一日及び前掲最大判平成二四年一〇月一七日は、それぞれ、右最大較差が一対六・五九、一対五・〇〇の各不均衡について、議員定数配分規定が憲法に違反するに至っていたとはいえないとしたものの、違憲の問題が生ずる程度の著しい不平等状態が生じていたと判示している。前掲最大判平成二四年一〇月一七日は、憲法の趣旨、参議院の役割等に照らすと、参議院は衆議院とともに国権の最高機関として適切に民意を国政に反映する責務を負っていることは明らかであり、参議院議員の選挙であること自体から、直ちに投票価値の平等の要請が後退してよいと解すべき理由は見いだし難く、また、都道府県を参議院議員の選挙区の単位としなければならないという憲法上の要請はなく、むしろ、都道府県を選挙区の単位として固定する結果、その間の人口較差に起因して投票価値の大きな不平等状態が長期にわたって継続していると認められる状況の下では、右の仕組み自体を見直すことが必要になるものといわなければならないとし、前掲最大判昭和五八年四月二七日よりも投票価値の平等の要求を重視する立場をとっている。

2　学　説

学説には、議員一人当たりの選挙人数又は人口の比は一対一が原則であり、たとえ一対二以内であっても一対一の原則を超える以上、これを正当化する特別の事由が立証されない場合には、投票価値の平等を害するものとして、違憲問題を生ずると解する見解もあります（なお、この説では、非人口的要素を考慮することは、人口の算術的端数処理のような特別の正当化事由がない限りは許されず、四七条の選挙事項の決定は、立法府の自由裁量ではないとしています。）。

しかし、多数説は、違憲判断の基準として、一対二の基準をとっています。つまり、投票価値の平等は、議員一人当たりの選挙人数又は人口が絶対的、数字的に等しいことまで要求してはいないが、少なくとも、議員一人当たりの選挙人数又は人口が最大の選挙区と最低の選挙区の投票価値に一対二以上の較差があってはならず、非人口的要素は、いかに考慮に値するとはいえ、原則として右一対二以上の較差を正当化することはできないと解するのです。なぜなら、選挙法が徹底した人格平等の原則を基礎にしている以上、投票価値の平等は、一般の平等原則の場合よりもはるかに形式化されたものであって、議員一人当たりの選挙人数又は人口が平等に保たれることそれ自体に高度の民主的合理性があるといわなければなりませんし、投票価値の平等を憲法上の原則として承認する以上、一票の重みが特別の合理的な根拠もなく選挙区間で二倍以上の偏差をもつことは、投票価値の平等（一人一票の原則）の本質を破壊することになるからです。

3　検　討

多数説は、選挙権が国民主権に直結する最も重要な基本権であるとして、選挙権の平等（投票価値の平等）を表現の自由と並ぶ「優越的地位」をもつ権利と位置づけた上、選挙区割りや議員定数の配分に当たって議員一人当たりの選挙人数又は人口ができる限り平等に保たれることに重点を置いて、国会の裁量については、あくまで一対二の基準の枠内で働くにすぎないものと考えているといえましょう。これに対し、判例は、選挙権の平等（投票価値の平等）を「優越的地位」をもつ権利として位置づけることをせず、選挙区割りや議員定数の配分における非人口的要素のもつ役割を認めた上、国会の合理的な裁量権の行使の判断基準として、投票価値の不平等の程度を問題にしているということができます。

第10章　生存権

【設　題】

生存権について説明せよ。

【解　説】

一　生存権の意義と歴史的沿革

生存権（憲法二五条一項）は、教育を受ける権利（二六条一項）、勤労の権利（二七条一項）、労働基本権（二八条）の諸権利と同様に、社会的・経済的弱者を守るために保障されることになった人権です。これらは、社会権と総称されます。

憲法が定めている人権には、社会権のほかに、表現の自由（二一条一項）、職業選択の自由（二二条一項）等の精神的・経済的自由権、公務員の選定罷免権（一五条一項）等の参政権があります。

自由権とは、国家の個人領域への不当な介入を排除して、個人の自由な意思決定や活動を保障するところに本質がある権利であり（国家からの自由）、社会権とは社会的・経済的弱者が国家権力に対して積極的な配慮を要求するところに本質がある権利です（国家による自由）。また、参政権とは国民が国家権力に参加する権利です（国家への自由）。

人権の歴史は絶対君主の権力（国家権力）を制限して国民の自由を守ろうとするところから始まり、まず、自由権が保障されました。また、絶対君主（国家権力）を制限するためには国民も国家権力の行使にある程度参加した方がよいということで参政権が保障されました。その後、自由権、特に財産権や経済的自由権の保障による資本主義の高度化によって、構造的な失業、貧困などの様々な社会的・経済的不平等が生じるようになりました。そして、多くの労働者が、憲法が保障している自由権は有名無実のものである、真に自由を享受するためには、生存のための物質的基礎（生存権）や労働市場で不当に不利に扱われないこと（労働基本権）が必要であると主張するようになりました。そして、その問題の解決は次第に国家に求められていくようになり（消極国家から積極国家への転換）、二〇世紀になってようやく社会権が保障されることになりました（ちなみに、社会権を初めて憲法上規定したのは、第一次世界大戦後のドイツのワイマール憲法一五一条一項においてであり、「経済生活の秩序は、すべての者に人間たるに値する生存を保障する目的をもつ正義の原則に適合しなければならない。」（野中俊彦ほか『憲法Ⅰ・第五版』五〇一・五〇二頁の訳文による。）と定められました。）。

また、社会権の保障のためには社会的・経済的弱者も国家権力に参加する必要があるということで参政権も広く保障されるようになりました。このように、生存権は、国家に対して積極的な配慮を要求する点に本質がある社会権に位置づけられる権利であって、二〇世紀になってようやく保障された権利です。日本では、大日本帝国憲法に生存権や労働基本権など社会権に関する規定はありませんでしたが、第二次世界大戦後の日本国憲法でこれらの権利が規定されました。

二　生存権の法的性格

憲法二五条の生存権の法的性格をめぐっては様々な説が唱えられています。以下、順を追って説明します。

1　生存権は法的な権利か

憲法二五条は、生存権を法的な権利として保障したものではなく、国の政策目標ないしは政治的・道徳的義務を定めたものにすぎないとする説が唱えられています。この説のことを一般に「プログラム規定説」と呼びます。この説の論拠としては、生存権が法的な権利であるといえるためには社会主義経済体制が整備されていることが必要であるが、わが憲法は資本主義経済体制を前提としている、生存権を具体的に実現するためには予算を必要とするが、予算をどのように配分するかは国の財政政策の問題である、などが挙げられています。この説によれば、国が生存権を実現する立法をしない場合、あるいは生存権を実現する立法をしたが、その内容が生存権を実現するには十分でない場合、それらは政治問題とはなっても、法律問題にはならないということになります。

しかしながら、この説に対しては批判があります。まず、前者の論拠に対しては、生存権は資本主義経済体制の矛盾を解決するために生まれたものであって、必ずしも社会主義経済体制を前提とするものではないという批判がなされています。また、後者の論拠に対しても、財政上の理由は生存権の法的権利性を否定して初めて成り立つものである、すなわち、生存権の法的権利性を承認するなら、下位法である予算によって憲法上の権利である生存権の実現が制約されるという論理は成り立ち得ないという批判がなされています。憲法二五条一項は、わざわざ「権利を有する」と規定しているのですから、後に述べるように、生存権が具体的な権利であるか抽象的な権利であるかはともかく、法的な権利であることは肯定されてよいと考えられます。現在、このプログラム規定説を純粋に貫く学説はほとんど存在せず、生存権が法的な権利であることについてはほぼ争いがありません。

2　国民は国に対して直接憲法二五条に基づいて具体的な給付を求めることができるか

生存権が法的な権利であるとしても、そのことから直ちに国民が国に対して直接憲法二五条に基づいて具体的な給付を求めることができることにはなりません。憲法二五条の生存権の内容は抽象的で不明確ですから、国民が国に対して直接憲法二五条に基づいて具体的な給付を求めることはできないというべきです。後に述べる具体的権利説と呼ばれる説もこれを肯定するものではありません。国民が国に対して具体的な給付を求めるためには、生存権を具体化する法律が制定されて初めて可能になるというべきでしょう。この説のことを一般に「抽象的権利説」と呼びます。現在はこの説が通説です。

3　国が生存権を実現する立法をしない場合、国民は裁判所に対してその立法不作為が違憲であることの確認を求めることができるか

「抽象的権利説」によれば、国が生存権を実現する立法をしない限り、生存権は抽象的な権利にとどまり、国民は国に対して生存権を実現するための具体的な給付を求めることができないことになります。しかしこれでは、いつまで経っても国が生存権を実現する立法をしない場合、生存権はいわば「絵に描いた餅」になってしまいます。そこで、国民は国（具体的には立法府である国会）に対して生存権を実現するのにふさわしい立法をするよう求める権利を有し（このような意味で生存権は具体的な権利である。）、国がその義務を履行しない場合、国民は裁判所に対してその立法不作為が違憲であることの確認を求めることができるとする説が唱えられています。この説のことを一般に「具体的権利説」と呼びます。

しかしながら、この説に対しては、国の立法不作為の違憲確認訴訟のような訴訟類型が現在の訴訟法の下で果たして認められるのか疑問である、生存権を実現するための立法としては様々なものが考えられるところ、憲法は国に対して特定の立法をするよう命じているわけではないから、具体的にどのような立法をするかは国の裁量的判断に委ねられていると解するほかはなく、そうすると、どのような場合に裁判所が国の立法不作為が違憲であるといえるのか不明である、仮に、裁判所が国の立法不作為が違憲であると確認したとしても、これによって国が特定の立法をすべきことを義務づけられると解することは「国会は、国の唯一の立法機関である」と定めた憲法四一条との関係で困難である、などといった批判がなされています。

三　裁判所の審査基準と生存権に関する代表的な判例

1　抽象的権利説

前述したように、生存権の法的性格については、現在、抽象的権利説が通説です。そして、この説によれば、現に生存権を実現する立法がなされている場合、国民は裁判の中でその法律あるいはそれに基づく行政処分等が憲法二五条に違反すると主張することができるとされています（この点については、抽象的権利説の立場を一歩進めようとした具体的権利説も同様です。）。

では、実際に裁判の中で国民が国の制定した法律等が憲法二五条に違反すると主張した場合、裁判所はどのような基準でそれについて判断することになるのでしょうか。ここでは、判例がどのような審査基準を取っているかをみてみることにしましょう。

2　朝日訴訟（最大判昭和四二年五月二四日・民集二一巻五号一〇四三頁）

事案の概要は、次のとおりです。

病気により療養所に入所していた朝日さんは、生活保護法に基づき、生活扶助基準で定める最高金額である月額六〇〇円の生活扶助と現物による全部給付の給食付医療扶助を受けていました。ところが、お兄さんから扶養料として毎月一五〇〇円の送金を受けるようになったため、社会福祉事務所長は、生活保護法に基づき、生活扶助を打ち切り、また、毎月一五〇〇円の送金額から日用品費を控除した残額九〇〇円を医療費の一部として負担させる旨の保護変更決定を行いました。同決定を不服とした朝日さんは、県知事に対して不服の申立てをしましたが認められず、さらに厚生大臣に対して不服の申立てをしましたが、これも却下されたため、結局、福祉事務所長の保護変更決定が維持される結果となりました。そこで、朝日さんは、厚生大臣を被告として、同却下裁決の取消等を求める旨の訴訟を提起しました。

同訴訟における朝日さんの主張は、要するに、現在の生活費としては少なくとも月額一〇〇〇円が必要であり、現行の生活扶助基準の月額六〇〇円は低すぎるから、社会福祉事務所長の保護変更決定は憲法二五条に反するなどというものでした。

この訴訟では、主に、当時の生活扶助基準である月額六〇〇円が憲法二五条の「健康で文化的な最低限度の生活」水準を維持するに足りるかどうかが争われました。一審は、最低限度の生活水準の具体的内容は固定的ではないが、理論的には特定の国における特定の時点においては一応客観的に決定しうるものであるなどと判示して原告の請求を認容しました。しかし、二審は、最低限度の生活水準がいかなるものであるかについては、固定的なものではなく多数の不確定要素を総合して考えなければならず、結局、本件の月額六〇〇円の生活扶助基準はいかにも低きに失するきらいはあるが、それは単なる不当の問題であるにとどまり、違法と断ずるに足りないとして、一審判決を取り消して原告の請求を棄却しました。

これを不服とした朝日さんが最高裁に上告しましたが、上告中に朝日さんが死亡したため、最高裁は、生活保護受給権は一身専属的な権利であるから朝日さんの死亡により訴訟は終了したと判示した上、「なお、念のため」として、要旨、次のように判示しました。

「憲法二五条一項は、すべての国民が健康で文化的な最低限度の生活を営み得るように国政を運営すべきことを国の責務として宣言したにとどまり、直接個々の国民に対して具体的権利を賦与したものではない。具体的権利としては、憲法の規定の趣旨を実現するために制定された生活保護法によって、はじめて与えられているというべきである。」「厚生大臣の定める保護基準は、結局には憲法の定める健康で文化的な最低限度の生活を維持するにたりるものでなければならない。しかし、健康で文化的な最低限度の生活なるものは、抽象的な相対的な概念であり、その具体的内容は、文化の発達、国民経済の進展に伴って向上するのはもとより、多数の不確定要素を総合考量してはじめて決定できるものである。したがって、何が健康で文化的な最低限度の生活であるかの認定判断は、いちおう、厚生大臣の合目的的な裁量に委されており、その判断は、当不当の問題として政府の政治責任が問われることはあっても、直ちに違法の問題を生ずることはない。ただ、現実の生活条件を無視して著しい低い基準を設定する等憲法および生活保護法の趣旨・目的に反し、法律によって与えられた裁量権の限界をこえた場合または裁量権を濫用した場合には、違法な行為として司法審査の対象となることをまぬかれない。」「原判決の確定した事実関係の下においては、本件生活扶助基準が入院入所患者の最低限度の日用品費を支弁するにたりるとした厚生大臣の認定判断は、与えられた裁量権の限界をこえまたは裁量権を濫用した違法があるものとはとうてい断定することができない。」

3　堀木訴訟（最大判昭和五七年七月七日・民集三六巻七号一二三五頁）

事案の概要は、次のとおりです。

視力障害を理由に国民年金法に基づく障害福祉年金を受給していた堀木さんは、離婚後、二男を養育してきましたが、ある日、県知事に対し、児童扶養手当法に基づく児童扶養手当の受給資格の認定を請求しました。ところが、県知事は、堀木さんは児童扶養手当法の併給禁止条項（障害福祉年金を受給している場合は児童扶養手当は受給できないという条項）に該当するとして、同請求を却下し、それについての異議申立ても棄却しました。そこで、堀木さんは、県知事を被告として、却下処分の取消し等を求める訴訟を提起しました。

一審は、本件併給禁止条項は障害福祉年金を受給している者とそうでない者との間で児童扶養手当の受給に関して差別を生じさせるものであるから憲法一四条一項に違反するとして堀木さんの請求を認めました。しかし、二審は、本件併給禁止条項における差別的取扱いが合理性を欠くことが明らかでないので憲法一四条一項に違反しない、本件併給禁止条項は憲法二五条一項とはかかわりがない、同二項に基づいて行う国の施策をいかに定めるかについては立法府の裁量に任されており、本件併給禁止条項を設けた立法府の裁量には裁量権の著しい逸脱、濫用が認められないから、同条項は憲法二五条二項にも違反しないなどとして、一審判決を取り消して原告の請求を棄却しました（なお、この堀木訴訟の二審が採用した理論のことを一般に「一項二項分離論」と呼んでいます。この理論は生存権の実現のための施策を、救貧施策、すなわち、最低限度の生活を下回った国民に対して最低限度の生活が可能になるようにする施策と、防貧施策、すなわち、国民が最低限度の生活を下回らないようにする施策とに分け、憲法二五条一項は救貧施策を、二項は防貧施策をそれぞれ定めたものであって、一項の救貧施策については「健康で文化的な最低限度の生活」という基準があるが、二項の防貧施策についてはそのような基準はなく、どのような施策を実施するかについては広い立法裁量が認められ、原則として違憲問題は生じないとする理論です）。

これを不服とした堀木さんが最高裁に上告したところ、最高裁は、要旨、次のように判示しました。

「憲法二五条一項が、いわゆる福祉国家の理念に基づき、すべての国民が健康で文化的な最低限度の生活を営みうるよう国政を運営すべきことを国の責務として宣言したものであること、また、同条二項が、同じく福祉国家の理念に基づき、社会的立法及び社会的施設の創造拡充に努力すべきことを国の責務として宣言したものであること、そして、同条一項は、国が個々の国民に対して具体的・現実的に右のような義務を有することを規定したものではなく、同条二項によって国の責務であるとされている社会的立法及び社会的施設の創造拡充により個々の国民の具体的・現実的な生活権が設定充実されてゆくものであると解すべきことは、すでに当裁判所の判例とするところである。」「このように、憲法二五条の規定は、国権の作用に対し、一定の目的を設定しその実現のための積極的な発動を期待するという性質のものである。しかも、右規定にいう「健康で文化的な最低限度の生活」なるものは、きわめて抽象的・相対的な概念であって、その具体的内容は、その時々における文化の発達の程度、経済的・社会的条件、一般的な国民生活の状況等との相関関係において判断決定されるべきものであるとともに、右規定を現実の立法として具体化するに当たっては、国の財政事情を無視することができず、また、多方面にわたる複雑多様な、しかも高度の専門技術的な考察とそれに基づいた政策的判断を必要とするものである。したがって、憲法二五条の規定の趣旨にこたえて具体的にどのような立法措置を講ずるかの選択決定は、立法府の広い裁量にゆだねられており、それが著しく合理性を欠き明らかに裁量の逸脱・濫用と見ざるをえないような場合を除き、裁判所が審査判断するのに適しない事柄であるといわなければならない。」

4 その他

以上のとおり、裁判所がある法律等が憲法二五条に違反するかどうかを審査するについては、一項、二項ともに立法府の広い裁量に委ねられており、明らかに裁量権の逸脱・濫用と認められない限り、違憲であるとはいえないとするのが判例の立場です。

もっとも、これに対しては、立法府の裁量を広く認めすぎである、少なくとも「健康で文化的な最低限度の生活」の水準はある程度は客観的に決定できるので、それを下回っている場合には違憲と判断すべきである（すなわち、朝日訴訟の一審の見解を支持すべきである。）、などの批判がなされています。

なお、生存権に関する代表的な判例には、その他にも食糧管理法事件（最大判昭和二三年九月二九日・刑集二巻一〇号一二三五頁）があります。折角なのでどのような事件であったかについて説明しておきましょう。

この事件は、闇米の購入運搬は食糧管理法違反であるとして起訴された被告人が、不足食糧の購入運搬は憲法二五条が規定する生存権の行使であるから、これを規制する食糧管理法は違憲無効であると主張した事件です。同事件において最高裁は、要旨、次のように判示しました。

「憲法第二五条第二項において、「国は、すべての生活部面について、社会福祉、社会保障及び公衆衛生の向上及び増進に努めなければならない」と規定しているのは、前述の社会生活の推移に伴う積極主義の政治である社会的施設の拡充増強に努力すべきことを国家の任務の一つとして宣言したものである。そして、同条第一項は、同様に積極主義の政治として、すべての国民が健康で文化的な最低限度の生活を営み得るよう国政を運営すべきことを国家の責務として宣言したものである。それは、主として社会的立法の制定及びその実施によるべきであるが、かかる生活水準の確保向上もまた国家の任務の一つとせられたのである。すなわち、国家は、国民一般に対して概括的にかかる責務を負担しこれを国政上の任務としたのであるけれども、個々の国民に対して具体的、現実的にかかる義務を有するのではない。言い換えれば、この規定により直接に個々の国民は、国家に対して具体的、現実的にかかる権利を有するものではない。社会的立法及び社会的施設の創造拡充に従って、始めて個々の国民の具体的、現実的の生活権は設定充実せられてゆくのである。されば、上告人が、右憲法の規定から直接に現実的な生活が保障せられ、不足食糧の購入運搬は生活権の行使であるから、これを違法なりとする食糧管理法の規定は憲法違反であると論ずるのは、同条の誤解に基づく論旨であって採用することを得ない。」

「食糧管理法は、国民食糧の確保及び国民経済の安定を図るため、食糧を管理しその需給及び価格の調整並びに配給の統制を行うことを目的とし、この目的を達成するに必要な手段、方法、機構及び組織を定めた法律である。国家経済が、いかなる原因によるを問わず著しく主要食糧の不足を告げる事情にある場合において、もし何らの統制を行わずその獲得を自由取引と自由競争に放任するとすれば、買漁り、買占め、売惜み等によって漸次主食の偏在、雲隠れを来たし、従ってその価格の著しい高騰を招き、遂に大多数の国民は甚しい主要食糧の窮乏に陥るべきことは、識者を待たずして明らかであろう。」「食糧管理法は、国民全般の福祉のため、能う限りその生活条件を安定せしめるための法律であって、まさに憲法第二五条の趣旨に適合する立法である。」

四　生存権の内容（生存権の実現）

(1)　憲法二五条一項と二項の関係については、両者を一体のものととらえ、一項で、生存権保障の目的ないし理念が定められ、二項で、その達成のための国の責務が定められていると理解する見解が有力です。これに対して、一項と二項を、救貧施策（一項）と防貧施策（二項）とに分離して、二項については広い立法裁量が認められ原則として違憲問題が生ずる余地はないという見解もみられます。堀木訴訟の二審が採用した理論（一般に「一項二項分離論」と呼んでいる。）であるが、これに対しては、右の有力な見解に立ち、一項と二項は一体ととらえるべきである、いわゆる防貧施策も実質的には救貧施策の一環として把握されなければならないこともあるから、あまり機械的に割り切って考えることは適当でない、などの批判がなされています。

(2)　生存権は、原則として、立法により具体化されることになります。その例として、まず、生活保護法が挙げられます。同法は、「憲法第二五条に規定する理念に基き、国が生活に困窮するすべての国民に対し、その困窮の程度に応じ、必要な保護を行い、その最低限度の生活を保障するとともに、その自立を助長することを目的とする。」（同法一条）ものとして、生活扶助、住宅扶助、医療扶助等が定められています。

そのほかに、各種社会保険制度（労働者災害補償保険法、失業保険法、国民皆保険制度、国民年金法等）や、社会福祉制度（児童福祉法、老人福祉法等）、公衆衛生制度（食品衛生法、地域保健法等）が定められています。

⑶　さらに、高度経済成長期において、社会経済の発展における負の側面として、大気汚染、水質汚濁、騒音被害等の公害問題が生じました。このような環境破壊に関して、国は、公害対策基本法の制定や環境庁（現・環境省）の設置等、種々の対策を講じてきましたが、その中で、「良好な環境を享受する権利」が、健康で文化的な最低限度の生活維持のための必要最小条件であるという見地から、これを生存権の一内容とするという見解が生じました。

環境権を正面から認めた最高裁判例は、いまだありません。しかし、良好な環境を具体化して実現するには、国等による積極的な環境保全ないし改善のための施策が必要であることから、これを社会権と理解する学説が有力であり、また、各種公害訴訟や環境訴訟等において、このような観点の主張がされているところです。

五　おわりに

法律の勉強で大事なことは、具体的な事例を思い描いて理解するということです。ところが、憲法ではなかなか具体的な事例を思い描くことができず、そのためにどうしても理解が抽象的になりがちです。そこで、お勧めしたいのが判例の勉強です。判例の事案をよく読み、その訴訟で実際に当事者がどのように主張したか、また、それに対して裁判所がどのように判断したかを勉強することによって、必ずや具体的な理解が実現できるはずです。本解説で判例をできるだけ詳しく説明したのもそのためです。これを機会に判例の勉強の重要性、面白さを知ってもらえれば幸いです。

リポートの作成に当たっては、生存権の位置づけと法的性質について、最高裁判例の理解を踏まえて、きちんと論述することができれば十分です（環境権等は応用的なものということができます。）。ただし、その前提として、憲法の人権規定の全体像をとらえる視点から、生存権の属する社会権を、近代立憲国家における自由権と対比して、二〇世紀的な「国家による自由」であることの理解を示すことが重要です。

また、生存権の法的性質に関しては、大きく分けて三つの説がありますが、最高裁判例の判示を読めば分かるとおり、その区別に明確な境界線があるとはいえません。「この判例は〇〇説、あの判例は××説」のようにパターン化して整理するのではなく、事案の概要や判旨の要点をしっかりと検討しつつ、それらの判断が、格差社会などといわれる現代社会にどのように影響するかという視点を持つことにより、理解をより深めることができると思われます。

第11章　唯一の立法機関

【設　題】

国会が「国の唯一の立法機関」であることの意義について説明せよ。

【解　説】

一　はじめに

国会は、憲法上、①国民の代表機関、②国権の最高機関、③唯一の立法機関という三つの地位を占めています。本問は、このうち③の意義について問うものですが、その前提として、①及び②の意義についても十分理解しておく必要があります。

二　国民の代表機関

日本国憲法の前文は、「そもそも国政は、国民の厳粛な信託によるものであって、その権威は国民に由来し、その権力は国民の代表者がこれを行使し、その福利は国民がこれを享受する。」として代表民主制の原理をとることを明らかにし、四三条は、国会（両議院）は「全国民を代表する選挙された議員でこれを組織する。」と定めています。このことから、国会は、憲法上、国民の代表機関としての地位を占めていることがわかります。

国会が国民の代表機関であるというのは、国会の意思が国民の意思とみなされることを意味します。しかし、代表というのは代理とは異なりますから、国会の行為がそのまま国民の行為とみなされるといった法的効果を伴うものではありません。国会が国民の総意を反映し、国民のために行動することによって、その意思が国民の意思とみなされるという政治的な意味と解すべきです（政治的代表）。このことは、具体的には、①議員は、国民の一部の利益の代表としてではなく、国民全部の利益の代表として選出されるものであること、②議員は、議会において、自己の信念に基づいて発言・表決すればよく、選挙区の選挙人の指図に拘束されたり、選挙人によって責任を問われ、罷免されたりすることはないこと（自由委任の原則）を意味します。

三　国権の最高機関

四一条は、国会は「国権の最高機関」であると定めています。これは、国会が主権者である国民から直接選挙された議員で構成され、立法権をはじめとする憲法上の重要な権能を与えられた、国政の中心的な機関であることを政治的に宣言したものと解するのが通説です（政治的美称説）。

内閣は行政権の分野で、裁判所は司法権の分野で、それぞれ最高独立の機関ですし、内閣は衆議院解散の決定権を有し（七条三号、六九条）、裁判所は違憲立法審査権を有する（八一条）など、内閣及び裁判所も、それぞれ国会に対するチェック機能を有しています。したがって、国会が「国権の最高機関」であることをもって、内閣及び裁判所に対して法的な意味で優越し、これらの機関は国会に従属するものと解することはできません。また、国会は、主権者でもなければ明治憲法下の天皇のような「統治権の総攬者」でもありませんから、「国権の最高機関」であることをもって、国政の最高決定権者であると解することもできません。これが、政治的美称説の根拠です。

四「立法」の意義

国会が唯一の「立法」機関とされていることから、まず「立法」の意義を明らかにしなければなりません。

立法には、形式的意味の立法と実質的意味の立法の二つの意味があります。形式的意味の立法とは、各種の国法のうち一形式である「法律」を制定することをいいます。しかし、四一条にいう「立法」を形式的意味の立法と解すべきではありません。四一条は、「行政権は、内閣に属する。」とする六五条、「すべて司法権は、最高裁判所及び法律の定めるところにより設置する下級裁判所に属する。」とする七六条一項と合わせて、日本国憲法が権力分立制をとることを明らかにした重要な規定です。ところが、「立法」を形式的意味に解するとすれば、四一条は「国会は、『法律』という国会の議決によって成立する成文法を制定する機関である」という同語反覆の、無意味な規定となってしまうからです。したがって、「立法」とは実質的意味の立法と解すべきです。

実質的意味の立法とは、「法規」という特定の内容の法規範を定立することをいいます。「法規」の意味については、伝統的に「国民の権利を直接に制限し、義務を課する法規範」と考えられてきました。これは一九世紀のドイツの学説に源流を持つ考え方で、当時のドイツの立憲君主制の下では、議会の権限が弱く、立法権の範囲が国民の「自由と財産」に関する事項に限定されたことに由来します。そして、ドイツの立憲君主制を模範とした明治憲法下の憲法学説にこの考え方が導入され、通説となったのでした。しかし、国民主権の原理をとる日本国憲法の下では、「法規」の意味をこのように狭く理解するのは相当ではなく「一般的・抽象的法規範」、すなわち、人の行為・国家の作用・社会の秩序などについての規制の一般的・抽象的基準を定める法規範と理解すべきです。「一般的・抽象的」というのは、国会の制定する法律が、不特定多数の人に対して、あるいは不特定多数のケースに対して平等に適用される性質のものであることを意味します。そして、この法律を個別的・具体的な場合に適用するのが行政及び司法の役割ということになるわけです。

五　「唯一」の意義

1　次に、国会が「唯一」の立法機関とされている意義について明らかにする必要があります。これは、明治憲法下では、帝国議会が天皇の立法権に協賛する地位にとどまっていたのに対し、日本国憲法下では、国会が立法権を独占することを意味します。そして、このことから、国会以外による立法は、憲法に特別の定めがある場合を除いては許されないという原則（国会中心立法の原則）と、国会による立法は、国会以外の機関の関与なしに、国会の議決のみで成立するという原則（国会単独立法の原則）が派生します。

2　国会中心立法の原則により、明治憲法下で認められていた緊急勅令や独立命令といった行政部の専権による立法は許されなくなり、「憲法及び法律の規定を実施するため」（七三条六号）の執行命令と法律の委任に基づく委任命令に限られることとなりました。憲法には、委任命令について正面から認めた規定はありませんが、七三条六号が「政令には、特にその法律の委任がある場合を除いては、罰則を設けることができない。」としているのは、委任命令が認められることを前提としていると考えられますし、内閣法一一条も「政令には、法律の委任がなければ、義務を課し、又は権利を制限する規定を設けることができない。」と定めています。

この原則に対する憲法上の例外としては、両議院の規則（五八条二項）と最高裁判所規則（七七条）があります。前者は議院の自律権に対する、後者は司法部の自主性と専門性に対する配慮から認められたものです。

なお、条例（九四条）はそもそも「国の立法」ではありませんし、国会と同様に住民により選挙された議員で構成された議会により制定されるものであること（九三条）を考えると、あえてこの原則に対する例外と考える必要はないでしょう。

3　国会単独立法の原則により、法律案は、両議院で可決したときに法律となります（五九条一項）。明治憲法下では、法律の成立には天皇の裁可を必要としましたが、現在は、天皇は成立した法律を公布するにすぎません（七条一号）。

この原則に対する憲法上の例外として、「一の地方公共団体のみに適用される特別法」については、国会の議決のみではなく、その団体の住民の投票による同意が必要とされています（九五条）。地方自治に対する配慮によるものです。

この原則との関係で問題となるのは、内閣に法律案の提出権があるかどうかです。法律案の提出は、立法の過程の重要な部分ですから、国会単独立法の原則を厳格に考えれば、これを認めるべきではないともいえるでしょう。しかし、七二条は内閣総理大臣が内閣を代表して議案を提出することを認めており、この「議案」には法律案も含まれると解されること、議院内閣制の下では国会と内閣の協働が要請されること、内閣提出の法律案も国会は自由に否決あるいは修正ができることなどを考えると、内閣に法律案の提出権を認めても、この原則に反するとはいえないと思われます。内閣法五条も「内閣総理大臣は、内閣を代表して内閣提出の法律案、予算その他の議案を国会に提出し」と定めています。

六　立法機関が国会であることの意義

前述のとおり、立法とは、国民の権利・義務を規制するほか、広く一般的・抽象的法規範を定立する権能です。そして、内閣は、この法律の拘束の下に行政を行い（七三条一号参照）、裁判所も法律に従って裁判を行いますし（裁判所法三条一項参照）、それぞれの組織も法律によって定められています（六六条一項、七六条一項、七九条、八〇条）。このように、日本国憲法は立法権優位の原則で成り立っており、法律は国法形式のうち憲法に次ぐ地位を占めています。これは、法律が、「国民の代表機関」である国会によって制定されるからであり、立法権を与えられていることが、国会が「国権の最高機関」であるゆえんでもあるわけです。

七　まとめ

本問の解答のポイントは、「立法」の意義と、国会中心立法の原則及び国会単独立法の原則の内容ですが、立法機関が国会であることの意義に対する理解まで示すことができれば、さらに高い評価を得ることができるでしょう。

第12章　憲法における国会と内閣との関係

【設　題】

日本国憲法における国会と内閣との関係について説明せよ。

【解　説】

一　はじめに

議会と政府との関係は、国により時代により様々であるといわれていますが、本問では、日本国憲法（以下、単に「憲法」といいます。）における議会、すなわち国会と、政府、すなわち内閣との関係が問われています。

二　憲法における国会と内閣との関係（要旨）

憲法における国会と内閣との関係を要約すると、国会と内閣は、分立すること（権力分立制）を前提としながらも、相互に連携・抑制しあう（議院内閣制）関係にあるといえます。

もう少し詳しくいうと、国会と内閣は、立法権を国会が、行政権を内閣が、それぞれ担当することで分立しながらも、内閣は、国会の信任に依拠して存在し、行政権の行使について国会に対して責任を負っており、そして、そのような連携関係が崩れた場合には、国会（正確には衆議院）は、内閣を不信任決議によって倒すことができ、他方、内閣は、国会（正確には衆議院）を解散することができるという関係にあるといえます。そこで、以下では、まず、前提となっている権力分立制について説明し、その次に、本問の本論である議院内閣制について説明します。

三　権力分立制

1　権力分立制の意義・目的

権力分立制とは、国家権力を、その性質に応じて立法、行政、司法の三種に区別し、これを異なる機関に担当させて分離し、相互に抑制と均衡を保たせる制度です。この制度は、「すべての国家には三種の権力がある。」と説いたモンテスキューによって理論化されたといわれていますが、その目的とするところは、国家権力の濫用から国民の権利・自由を守る点にあります。すなわち、国家権力が一つの機関に集中すると、国家権力が濫用されて国民の権利・自由が侵害されるおそれが生じるため、国家権力を異なる機関に分離して、相互に抑制と均衡を保たせることによって、国民の権利・自由を守ろうとしたのです。

2　憲法上の規定

憲法も、右記の目的を達成するため、「国会は、（中略）国の唯一の立法機関である。」（四一条）、「行政権は、内閣に属する。」（六五条）、「すべて司法権は、最高裁判所及び法律の定めるところにより設置する下級裁判所に属する。」（七六条一項）と定めて、権力分立制を採用することを明らかにしています。

四　議院内閣制

1　議院内閣制の意義・目的

議院内閣制とは、政府が議会の信任に依拠して存在し、行政権の行使について議会に対して責任を負うという制度です（ただし、この定義については、後述するように、議院内閣制の本質をめぐる議論と関連して争いがあります。）。この制度は、イギリスで形成、発展したものですが、その最大の目的は、政府を国民の代表機関である議会に従属させて、行政府に対する立法府の民主的なコントロールを確保するとともに、政府が議会と共働することによって、円滑かつ能率的な国政を実現する点にあるといわれています。

2　議院内閣制と大統領制との違い

議会と政府との関係については、この議院内閣制のほかに、アメリカに代表される大統領制がありますが、両制度の違いは、次のような点にあります。議院内閣制では、議会と政府相互の連携関係が重視されているため、議会と政府の分離の程度は緩やかです。すなわち、議院内閣制では、政府の長である首相や大臣（過半数）は、議員の中から選ばれることになっており、また、議会と政府の連携関係が崩れた場合には、それを回復するための制度として、通常、不信任制度、政府総辞職制度、解散制度などが設けられています。

これに対し、大統領制では、議会と政府が厳格に分離されています。すなわち、大統領制では、政府の長である大統領は、国民によって直接選ばれ、大統領と大臣は議員を兼職することができません。また、大統領が議会に不信任されて辞職することも、議会が大統領に解散されることもありません。

3　議院内閣制の本質

ところで、一口に議院内閣制といっても、その具体的な内容は、国により時代により様々であるといわれています。そのため、議院内閣制の本質は何かということが議論されており、この点については、責任本質説と均衡本質説とが対立しています。

責任本質説とは、議院内閣制の本質は、政府の存在が議会の信任に依拠する点にあり、政府が議会の解散権を有する点にはないとする見解です。議会と政府との連携関係を重視する見解といえます。

これに対し、均衡本質説とは、議院内閣制の本質は、政府の存在が議会の信任に依拠する点だけでなく、政府が議会の解散権を有する点にもあるとする見解です。議会と政府との連携関係だけではなく、相互に抑制しあう関係も重視する見解といえます。

両説の違いは、政府が議会の解散権を有していないような場合であっても、議院内閣制といえるかどうかという点に端的に現れます。すなわち、責任本質説に立てば、そのような場合であっても議院内閣制といえますが、均衡本質説に立てば、そのような場合は議院内閣制とはいえないということになります。

もっとも、この問題は、要は、定義の問題であり、どちらが正しいというものではないといわれている上、後述するように、わが国の憲法は、内閣に国会（正確には衆議院）の実質的解散権を認めていると解されていますので、どちらの説に立っても、わが国の憲法が議院内閣制を採用していることは明らかです。したがって、本問では、あまりこの問題について深入りする必要はないと思われます。

4　憲法上の規定

ア　憲法では、「内閣総理大臣は、国会議員の中から国会の議決で、これを指名する。」

（六七条一項前段）、「内閣総理大臣は、国務大臣を任命する。但し、その過半数は、国会議員から選ばれなければならない。」（六八条一項）と定めて、内閣は、国会の信任に依拠して形成されることを明らかにするとともに、「内閣は、衆議院で不信任の決議案を可決し、又は信任の決議案を否決したときは、十日以内に衆議院が解散されない限り、総辞職をしなければならない。」（六九条）、「内閣総理大臣が欠けたとき、又は衆議院議員総選挙の後に初めて国会の召集があったときは、内閣は総辞職しなければならない。」（七〇条）と定めて、内閣は、国会の信任に依拠して維持されることを明らかにしています。また、憲法は、「内閣は、行政権の行使について、国会に対し連帯して責任を負う。」（六六条三項）と定めて、内閣は、行政権の行使について、国会に対し、全体として、責任を負うことを明らかにしています。

そのほかにも、憲法は、「内閣総理大臣その他の国務大臣は、両議員の一に議席を有すると有しないとにかかはらず、何時でも議案について発言するため議院に出席することができる。又、答弁又は説明のため出席を求められたときは、出席しなければならない。」（六三条）と定めています。これは、議会と政府相互の連携関係が重視される議院内閣制では、当然、内閣の構成員が国会に出席して発言することができ、また、国会も内閣の構成員に答弁や説明を求めることができることから、設けられた規定であるといえます。

イ　また、憲法は、衆議院が解散されることを制度として予定していることが明らかですが（七条三号、六九条参照）、その、実質的な決定権は内閣にあると解されています。その理論的な根拠については、六九条説、七条説、制度説などが対立していますが、いずれの説に立っても、内閣が有する衆議院の解散権は、憲法が内閣に認めた国会への対抗手段であり、これによって、国会と内閣との均衡が確保されるという意義があります。

また、内閣の衆議院の解散権をめぐっては、どのような場合に内閣は衆議院を解散することができるのか、具体的には、六九条の場合、すなわち、衆議院が内閣を不信任と決議した場合だけに限られるのかどうかについて争いがありますが、通説は、衆議院の解散には、その後の総選挙により、主権者である国民の意思を問うことができるという意義があるとして、六九条の場合だけに限られないとしています。その解散権の行使について全く制約がないかどうかに関しては、第一三章の四を参照してください。

ウ　このように、憲法は、大統領制ではなく、議院内閣制を採用し、国民の代表機関である国会によって内閣をコントロールし、内閣が国会と連携することによって、円滑かつ能率的な国政を実現しようとしています。

また、憲法は、内閣に対して衆議院の解散権を与えることによって国会と内閣との均衡を確保し、もって、国会による権力の濫用から国民の権利・自由を守ろうとしています。

五　おわりに

本問で問われているのは、あくまでも、憲法における国会と内閣との関係ですから、議院内閣制の本質の論点や、衆議院の解散権をめぐる論点を大展開することは、かえって、バランスを失し、問いに答える姿勢を見せていない印象を与えてしまうおそれがありますので注意してください。本問では、権力分立制や議院内閣制の意義・目的をしっかりと説明し、これを踏まえた上で、憲法上の規定を丁寧に説明することが求められているといえましょう。

第13章　衆議院の解散

【設　題】

衆議院の解散について論ぜよ。

【解　説】

一　はじめに

衆議院の解散とは、衆議院議員の全部に対して、その任期満了前に議員としての身分を失わせることをいいます。もともと、解散は、歴史的には、君主（国王）が議会に対し懲罰を科するという意味をもっていたので、行政府による立法府に対する抑制という側面（自由主義的契機）を有しますが、現代では、解散に続く選挙によって民意を反映させるという側面（民主主義的契機）もあるとされています。

この衆議院の解散について、日本国憲法は次のような規定を定めています。すなわち、憲法七条三号において、天皇は、内閣の助言と承認により衆議院の解散を行う旨を、四五条ただし書において、衆議院解散の場合には、衆議院議員の任期が四年の期間満了前に終了する旨を、五四条一項、二項本文において、衆議院が解散されたときは、参議院が同時に閉会となるとともに、解散の日から四〇日以内に衆議院議員の総選挙を行い、その選挙の日から三〇日以内に国会を召集すべき旨を、六九条において、内閣は、衆議院で不信任の決議案を可決し、又は信任の決議案を否決したときは、一〇日以内に衆議院が解散されない限り、総辞職をすべき旨をそれぞれ定めています。

ところが、憲法のこれらの規定では、衆議院の解散を行い得る権能（この権能を解散権といいます。）を有するのは誰か、衆議院の解散を行い得るのはどのような場合か等の問題について、必ずしも明確に定まっているとはいえません。そこで、以下、これらの問題について説明しましょう。

二　解散権の主体

憲法七条三号は、衆議院の解散を天皇の行う国事行為の一種として定めていますが、天皇は、国政に関する権能は有しない（憲法四条一項）ものとされていますから、衆議院の解散を実際に決定する権能としての解散権を有しているとは解されません。それでは、解散権を有するのは誰か。結論として、内閣が解散権を有すると解することについて異論はありません。問題は、内閣が解散権を有すると解する憲法上の根拠は何かという点にあります。この点については、主として次のような見解の対立があります。

第一に、憲法六九条にその根拠を求める見解があります（六九条説）。この見解は、憲法六九条をもって解散権の主体と解散権行使の要件を定めた規定と解し、衆議院で内閣不信任決議が可決されたとき、又は内閣信任決議が否決されたときに限って、内閣が衆議院の解散を決定し得ると唱えるのです。

第二に、憲法七条にその根拠を求める見解があります（七条説）。この見解は、次のように解しています。天皇の国事行為は、それ自体としては必ずしも形式的・儀礼的ではないものもあるけれども、それを形式的・儀礼的なものとするために、助言と承認を行う内閣（憲法三条）が実質的決定権を有すると解すべきである。そして七条三号により天皇が行う国事行為としての衆議院の解散も、それ自体としては単なる儀礼的、名目的行為ではなく、内閣の「助言と承認」に衆議院を解散するかどうかの実質的決定権が含まれているとするのです。衆議院の解散の効力が争われたいわゆる苫米地事件の下級審判決（東京地判昭和二八年一〇月一九日・行裁例集四巻一〇号二五四〇頁、東京高判昭和二九年九月二二日・行裁例集五巻九号二一八一頁）は七条説を採用しているといわれています。また、第一の見解に対しては、憲法六九条は、「衆議院が解散されない限り」と定めているだけで、解散権の主体を明示しているわけでないと考えるのです。

第三に、憲法七条や六九条だけで解散権を根拠づけるのは無理であるとし、権力分立制及び議院内閣制を採用している憲法の全制度の趣旨から判断して、内閣に解散権があると解する見解があります（制度説）。考慮すべき点として、(1)後記五で述べるように、憲法上、いわゆる自律的解散が認められず、しかも天皇に解散の実質的決定権がないとすると、考えられるのは内閣だけであること、(2)憲法は、議院内閣制を採用し、内閣の国会に対する責任を明らかにすると同時に、衆議院の内閣不信任決議権を認めているが、これに対応するものとして、同じく憲法が採用している権力分立制の見地から、内閣の解散権を認めていると解するのが自然であること、(3)憲法六九条だけから内閣の解散権を根拠づけられないとしても、同条に「衆議院が解散されない限り」とあるのは、「衆議院の解散を決定しない限り」という意味を含むものとみられ、そうであるならば、これも内閣の解散権を推知させる有力な根拠の一つとみられること等を挙げています。

以上の見解のうち、これまで通説的見解と目されていたのは、第二説（七条説）ですが、第二説に対しては、第三説（制度説）の立場から、次のような批判がされています。すなわち憲法七条三号は、衆議院を解散する旨を外部に宣示する権能としての「形式的解散権」のみを天皇の権能とした規定であるが、解散の実質的決定は、その形式的宣示とは別個の行為として、それに先行する行為であるから、後者（形式的宣示）についての助言と承認が認められるからといって、当然に前者（解散の実質的決定）の権能もそれに含まれると解することはできず、したがって、七条のみに内閣の解散権の根拠を求めるだけでは十分でないというわけです。最近では、内閣の解散権の根拠として、憲法七条のほかに、前記のような憲法の複数の規定ないし憲法の趣旨を挙げる第三説がかなり有力になっているようです。

なお、第一説（六九条説）は、既に述べたとおり、内閣が解散権を行使し得る場合を憲法六九条の場合に限定して考えるのですが、この点で、現在大方の支持を失っている考え方といえます。この点については、次の三で述べることにします。

三　解散が行われ得る場合

二で述べたように、内閣の解散権の根拠を憲法六九条に求める前記第一説は、内閣による解散権の行使を六九条の場合―衆議院が内閣の不信任案を可決し又は信任案を否決したとき―に限定する解釈を採るわけですが、果たして、衆議院の解散は、このように憲法六九条の場合だけに限定して行われ得るにすぎないのか、それともそれ以外の場合にも行い得るのか、が次の問題となります。

この点については、通説は、衆議院の解散は憲法六九条の場合に限定されないと解しています。このうち前記第三説（制度説）は、憲法が議院内閣制を採用していることから当然に認められるものであるとしています。これは、議院内閣制の本質を政府と議会との均衡にあるととらえ、均衡を図る手段のひとつが政府の議会解散権であるという考え方（「均衡本質説」と呼びます。）を基礎としています。均衡本質説は、議院内閣制の成立の沿革と権力分立制の趣旨とを根拠にしています。すなわち、イギリスにおいて一八世紀から一九世紀初頭にかけて自然発生的に成立した古典的な議院内閣制の主要な特徴は、①行政権が元首である君主と内閣に分属し（二元的行政権）、内閣は元首と議会との双方に対して責任を負うこと、②議会の内閣不信任決議権と元首である君主の議会（下院）解散権という相互の抑制手段によって二つの権力が均衡を保ちながら協働関係にあることでした。そして、議院内閣制は、権力分立制（国民の権利自由を守るために、国家の諸作用を性質に応じて立法・行政・司法というように区別し、それを異なる機関に担当させるよう分離し、相互に抑制と均衡を保たせる制度です。）の一形態であり、その本質として重要なものは、政府と議会との間の均衡であるというのです。

このように、議院内閣制の成立の沿革と権力分立制の趣旨からすると、政府（内閣）の議会解散権は議院内閣制の不可欠の要素であるというのです。日本国憲法も、「内閣は、行政権の行使について、国会に対し連帯して責任を負ふ。」（憲法六六条三項）と定め、内閣総理大臣は国会議員の中から国会の議決で指名した者を天皇が任命し（憲法六七条一項、六条一項）、その内閣総理大臣が国務大臣を任命するが、その過半数は国会議員でなければならないとしている（憲法六八条一項）ばかりでなく、権力分立制も定めています（憲法四一条、六五条、七六条）から、そこで採用されている議院内閣制という制度を根拠として、憲法六九条に限定されることなく、当然に内閣が一般的な衆議院の解散権を有すると考えるべきであるというわけです。

これに対し、議院内閣制を採用していることから当然に内閣が一般的な衆議院の解散権を有することを根拠づけることはできないという考え方があります。これは、議院内閣制の本質を、政府の議会に対する信任にあるととらえ、政府の議会解散権は、それを行使することによって国民に具体的な政治のあり方を決定する機会を提供するという重要な意味を持つとしても、議院内閣制の本質であるとはいえないという考え方（「責任本質説」と呼びます。）を基礎としています。

責任本質説は、議院内閣制の変容と議会の政府に対する民主的コントロールの重視を根拠としています。すなわち、議院内閣制は、イギリスの立憲君主制の下で君主と議会との権力の均衡をねらって成立したのは前述のとおりですが、一九世紀半ば以降、君主（又は大統領）の権限が名目化して行政権が内閣に一元化する傾向が強まり、かつ、民主主義の発展に伴い、内閣が議会の信任を在職の要件とするという側面が重視されるなか、各国の歴史的事情を反映して様々に変容してきました。例えば、フランスの第三共和制憲法における議院内閣制では、政府（大統領）の議会解散権が法文上明記されていましたが、ほとんど行使されることがなく、議会による政府の民主的コントロールが最優先されたことを指摘できます。

そして、議院内閣制は、民主主義（国民主権）を具体化する一つの制度であり、その本質として重要なものは、主権者である国民の代表で組織される議会が（非民主的機関である）内閣をコントロールすることであるというのです。このように、議院内閣制の変容と議会の政府に対する民主的コントロールの重視という立場からすると、政府（内閣）と議会との均衡は必ずしも議院内閣制において不可欠の要素であるとまではいえないというのです。

もっとも、この見解に従っても、前記の七条説によれば、内閣は一般的な衆議院の解散権を有するという結論になるものと考えられます。

現実の衆議院の解散の実態をみますと、昭和二七年八月二八日に行われた第二回解散以降は、大部分の解散が内閣不信任案を前提とせず、七条のみに基づいて行われており、解散権の行使が六九条の場合に限定されないことは、既に憲法慣行として成立しているともいえます。

ちなみに、第二回解散に関しては、当時衆議院議員であった者から、憲法六九条に該当しないのに衆議院の解散が行われたこと等の点で違憲無効であるとして、衆議院議員としての歳費の支払を求める訴えが提起されました。いわゆる苫米地事件と呼ばれる訴訟です。この訴訟において、一審、二審の各判決は、いずれも「憲法六九条の場合に限り解散できるものとする見解は根拠がない」とする見解を示していますが、最大判昭和三五年六月八日・民集一四巻七号一二〇六頁は、「衆議院の解散は、極めて政治性の高い国家統治の基本に関する行為であって、かくのごとき行為について、その法律上の有効無効の審査をすることは司法裁判所の権限の外にありと解すべき」であるとして、いわゆる統治行為論を採用して衆議院の解散に関する裁判所の審査権を否定し、この問題に関する見解を示さずに終っています。

四　解散権の限界

1　制度説又は七条説によれば、内閣による衆議院の解散は憲法六九条に限定されないということになりますが、その解散権の行使については全く制約がないのでしょうか。

例えば、参議院選挙の日に併せて衆議院の総選挙を行うために衆議院を解散する「衆参同日選挙」について憲法上の問題は生じないのでしょうか。

2　議院内閣制の本質について均衡本質説に依拠し、解散の民主主義的契機だけでなく、自由主義的契機も重視する（議会と政府との均衡を重視する）という考え方によれば、衆議院の解散は、基本的には、行政府である内閣が立法府である国会を抑制する手段ととらえるので、理論的には、解散権の制約はない、すなわち、内閣が必要と判断すればいつでも解散できる、という考え方に結びつきやすいということができます。

この立場からすると、「衆参同日選挙」も違憲ではないということになるでしょう。

もっとも、均衡本質説に依拠する学説でも、憲法六九条の場合のほか、①総選挙の際に直接の争点とはならなかった重大な問題が生じ、任期満了をまたずにそのことに関する国民の意思を問う必要がある場合、②国会の統一的な意思形成力に問題が生じ、内閣として責任のある政策形成が行い得ないような事態が生じた場合に限るという結論をとるものもあります（この学説でも、①と②の判断は内閣に委ねられるということになるのでしょう。）。

3　これに対し、議院内閣制の本質について責任本質説に依拠し、解散の民主主義的契機を重視する（議会の政府に対する民主的コントロールを重視する）という考え方によれば、衆議院の解散は、解散に続く選挙によって主権者である国民の審判を求める機会を提供する手段ととらえるので、国民の審判を求める必要がなく、内閣の一方的な都合や党利党略による解散は避けるべきである、という考え方に結びつきやすいということができます。

そして、具体的には、①衆議院で内閣の重要案件（法律案、予算等）が否決され、又は審議未了になった場合、②政界再編等により内閣の性格が基本的に変わった場合、③総選挙の争点でなかった新しい重大な政治的課題（立法、条約締結等）に対処する場合、④内閣が基本政策を根本的に変更する場合、に限られるべきである、とする学説があります。

もっとも、ここで示された限界に反した解散について、当不当の問題にとどまるものか、違法の問題になるのかについては必ずしも明らかではありません。むしろ、責任本質説に依拠しつつ、解散権の行使については（法的には）無限定であるけれども、解散の民主主義的契機を重視した運用を行うべきであるとする学説が多いように思われます。

この立場からすると、「衆参同日選挙」は七条に反し違憲である、あるいは違憲ではないが、国民の審判を求める必要がある場合（前記①ないし④の場合）に行うことが望ましいという結論になるでしょう。

五　衆議院の自律的解散の可否

衆議院の解散権が内閣に属すると解されることは、前記二で述べたとおりですが、それ以外に、衆議院が自らの決議によって解散できるとする、いわゆる自律的解散が認められるか否かも議論されるところです。この点、国会が「国権の最高機関」であるとする憲法四一条を根拠に、この自律的解散を肯定する見解がありますが、通説は、これを否定しています。その理由としては、(1)自律的解散を認めると、多数党が自らに好都合な時機に選挙を行い、少数派を駆逐し、議会における自らの独裁的支配を試みることが可能となるが、明文規定なしにこのようなことを認めるのは妥当でないこと、(2)自律的解散を認めると、衆議院の多数決によって解散に反対する少数派議員の辞職を強要することになるが、これは、議員の資格争訟において、議員の議席を失わせるには、出席議員の三分の二以上の多数による議決を必要としている憲法五五条ただし書の場合との均衡を失すること、(3)憲法は、衆議院の解散について、「解散され」という受け身の表現を用いている（憲法五四条一項、二項本文、六九条）が、これは、衆議院自らが解散する場合を予想していないからと思われること、(4)自律的解散を肯定する見解は、国会の最高機関性を根拠としているが、それならば、参議院にも解散が認められて然るべきことになるが、これは、憲怯が衆議院についてのみ解散制度を採用したことと相容れないこと等が挙げられています。

六　解散の効果

衆議院の解散によって、衆議院議員全員がその任期満了前に議員としての資格を喪失することになります（憲法四五条ただし書）。また、衆議院が解散されると、解散の日から四〇日以内に衆議院議員の総選挙が行われ、その選挙の日から三〇日以内に国会が召集され（憲法五四条一項）、会期中に衆議院が解散された場合には、参議院は同時に閉会となります（憲法五四条二項本文)。これらが衆議院の解散の直接的な効果といえます。

さらに、解散後行われた総選挙の日から三〇日以内に国会が召集されると内閣は総辞職をしなければなりません(憲法七〇条)が、これは解散の間接的な効果ということができます。

七　まとめ

1　以上のような内容を有する衆議院の解散制度を設けることによって、憲法は、この制度に、立法部である衆議院と行政部である内閣の意見が対立する問題について国民の意思を問い、その判定に委ねるという目的を持たせるとともに、立法部と行政部との権力の均衡を保つための抑制手段としての機能を与えているということができます。

2　誰がどのような場合に衆議院を解散することができるかという論点に関しては、まず、憲法七条、六九条、憲法が採用している議院内閣制に必ず触れること、そして、議院内閣制の本質をめぐる争い(均衡本質説と責任本質説)、解散の民主主義的契機、自由主義的契機のどちらを重視するか、ということを関連づけて論述することが肝要となります。

3　本設題は、やや抽象論が多く、また、学説の対立が理解しにくいところでもありますが、国会と内閣の関係についての統治機構の問題なのですから、国会の内閣に対する民主的コントロール、権力分立制、国民主権といった基本的視点を忘れずにしっかりと把握しておきましょう。

第14章　予算と法律との関係

【設　題】

予算と法律との関係について論ぜよ。

【解　説】

一　はじめに

国家が活動していくには、莫大な費用が必要ですが、それは結局国民が負担しなければなりません。そのため、財政の適正な運営は、国民の重大な関心事であるということができます。日本国憲法は、行政権の主体は内閣であると定める一方で、財政について特に一章を設けた上、「国の財政を処理する権限は、国会の議決に基づいて、これを行使しなければならない。」と規定しており（八三条）、財政についての国会のコントロールを強く認めています。国民主権原理を採用している以上、国家の財政運営についても、主権者たる国民の意思を反映する国会の統制の下におくことを明らかにするもので、この財政の基本原理は「財政民主主義」と呼ばれています。

本問は、国の財政行為の準則である予算と法律との関係を問う問題です。この問題を考えるに当たっては、まず、この財政民主主義の観点から、予算の法的性質をどのように考えるかを明らかにする必要があります。そして、その上で、予算と法律に不一致が生じた場合にどう対処すべきか、また、国会はどの限度で内閣が作成した予算についての修正権を持つか、についても検討すべきことになります。

以上を前提に、設題を分析して法律上の問題点を拾い上げてみましょう。

二 予算と法律との異同

1 予算とは、国の一会計年度における歳入及び歳出の見積りのことをいい、これが国の財政行為の準則となります。

2 予算も法律もいずれも国会の議決に基づいて成立するという共通点がありますが、以下のとおり、予算については、その提案権、審議、議決方法に関して、憲法上、法律とは異なる特別の規定が設けられています。

まず、法律については、両議院の議員に発議権があるのに対して、予算については、憲法は、内閣の事務として「予算を作成して国会に提出すること。」を挙げ（七三条五号）、「内閣は、毎会計年度の予算を作成し、国会に提出して、その審議を受け議決を経なければならない。」と規定しており（八六条）、予算案の作成・提出権限が内閣に属するものであり、かつ、内閣の義務でもあるとしています。

また、法律については、衆議院と参議院のどちらが先に審議しても良いのですが、予算については、憲法は、「予算は、さきに衆議院に提出しなければならない。」として、衆議院に先議権を与えていますし（六〇条一項）、さらに、衆議院と参議院とで異なる議決をした場合の取扱いについても、法律については、衆議院で出席議員の三分の二以上の多数で再び可決したときは法律となる（五九条二項）のに対して、予算については、法律の定めるところにより、両議院の協議会を開いても意見が一致しないとき、又は参議院が、衆議院の可決した予算を受けとった後、国会休会中の期間を除いて三〇日以内に、議決しないときは、衆議院の議決を国会の議決とする（六〇条二項）とし、議決の効力について、法律の場合よりも強い衆議院の優越を認めています。これは、予算については、財政に対する民主的統制の観点から、解散制度が存在し国民意思をより直接に代表する機関である衆議院に、審議・議決に関する優越を認めるのが望ましいとされたためと考えられます。

予算と法律にはこのような相違点が存在することから、予算の法的性質をどう考えるかについては学説が分かれています。

三　予算の法的性質

1　予算の法的性質についての学説は大きく分けて、予算行政説、予算法形式説（予算法規範説）、予算法律説があります。まず、予算行政説は、財政を処理する権能は、本来的に内閣の行政作用であり、予算も行政行為であって、国会は、予算の承認という形で内閣の支出に事前の承認を与えるにすぎないという考え方です。この説は、予算は、国会との関係において内閣を拘束するにとどまり、一般国民を拘束するものではないことから、予算の法規範性を否定するのです。

2　次に、予算法形式説は、予算は、法律ではないけれども、法律と並ぶ法規範であるという考え方です。この説は、予算に反して内閣が行った支出は違法というべきなので、予算が法規範としての効力を有するのは明らかだとしつつも、法律と異なり一般国民を拘束するものではないこと、その提案権、審議、議決方法に関しても、前述のとおり、憲法上法律とは異なる規定が設けられていること、予算の効力は一会計年度に限られることなどから、法律そのものではないとするのです。

3　これに対して、予算法律説は、予算は法律そのものであるとする考え方です。この説は、財政民主主義を重視し、予算の法規範性を強調する考え方です。なお、予算の効力は一会計年度に限られるものですが、法律にも効力が一定期間に限定されているものがあることから、予算を法律と考えることに支障はないとしています。

4 以上のように、予算の法的性質については異なる見解があるのですが、日本国憲法が、国民の代表機関である国会に財政をコントロールする権能を与えるという財政民主主義を採用している趣旨に鑑みれば、少なくとも予算の法規範性については承認すべきだといえます。その上で、日本国憲法が、前記のとおり、予算と法律とを明確に区別していることからすれば、予算法形式説が最も妥当であると考えられ、この説が多数説となっています。

四 予算と法律の不一致

1 以上のように、予算を法律とは別の法形式と解すると、前述した予算と法律との議決方式の差違から、例えば、予算に支出が計上されたのに、その支出を命じる法律がない場合や、支出を命ずる法律が成立したのに、その裏付けとなる支出が予算に計上されない場合のように、予算と法律との不一致という問題が生じる可能性があります。

2 この問題は、結局、内閣と国会との間で、予算と法律との不一致（齟齬）をできる限り回避するための方策を講ずるといった政治的解決に委ねるほかないといえます。例えば、予算に支出が計上されたにもかかわらず、その支出を命じる法律がない場合でも、国会は主権者である国民の代表者によって構成される国権の最高機関ですから（憲法四一条）、国会には法律を制定する法的な義務はないものの、国会は、法律と予算との不一致をできる限り解消すべきであって、予算に見合った立法をする政治的な義務があるといえます。国会がこうした政治的な義務を果たさない場合は、内閣が法律案を提出し、国会の議決を求めるといったことも考えられます。

3　これに対して、支出を命ずる法律が成立したのに、その裏付けとなる支出が予算に計上されない場合には、内閣は「法律を誠実に執行」する義務を負っている（憲法七三条一号）ので、補正予算を作成して国会に提出し、議決を経る（財政法二九条）とか、経費を流用する（同法三三条）、予備費を使用する（同法三五条）ことにより対処する必要があります。もっとも、提出された補正予算について、国会がそれを承認しなければならないとする法的な義務はありませんが、前述のとおり、国会には、法律と予算との不一致をできる限り解消すべき政治的な義務があると解されます。

五　国会の予算修正権

1　次に、国会は、内閣が提出した予算案について議決する際、修正することはできるか、できるとした場合、無制限に許されるかという問題があります。この点、予算法律説を採った場合には、国会の予算修正権に限界はないということになります。これに対して、予算法形式説に立った場合、国会の予算修正権については、減額修正はできても増額修正は許されないとする説と、増額修正も許されるとする説があります。

2　大日本帝国憲法は、「憲法上ノ大権ニ基ツケル既定ノ歳出及法律ノ結果ニ由リ又ハ法律上政府ノ義務ニ属スル歳出ハ政府ノ同意ナクシテ帝国議会之ヲ廃除シ又ハ削減スルコトヲ得ス」と規定していたため（六七条）、予算の減額修正をすることはできるが、増額修正は許されないと解されていました。

日本国憲法は、前述のとおり、国会を国権の最高機関と位置づけ（四一条）、財政民主主義を採る旨を明らかにしている（八三条）ことから、国会は減額修正権だけでなく増額修正権も有すると解するのが多数説といえます。現行法には、国会や裁判所のような内閣から独立した機関の経費につき、内閣がこれらの機関の歳出見積りを減額した予算を編成した場合には、内閣は、これらの機関の歳出見積りの詳細を歳入歳出予算に附記するとともに、国会がこれらの機関に係る歳出額を修正する場合における必要な財源についても明記しなければならないとする財政法一九条のような規定があります。この規定は、国会に例外的に増額修正権を認めた趣旨のものではなく、国会に増額修正権があることを前提とした上で、増額修正権の行使を容易にするためのものであると解されています。また、国会法も、国会にお ける予算の増額修正については、内閣に対して、意見を述べる機会を与えなければならないと規定しており（同法五七条の三）、これらの規定は、国会に増額修正権があることを前提としていると考えることができます。

このように国会の増額修正権は認められると解されますが、予算の性質上、それに相当する財源を伴うものでなければならないことはいうまでもありません。

3 しかしながら、国会の増額修正権を認めた場合でも、国会の増額修正権を無制限に認めれば、内閣の予算作成・提出権を侵すことになるのではないかが問題となります。この点、政府の見解は、国会の増額修正は、内閣の予算提案権を損なわない範囲内において可能であるとしていますが、学説でも、予算の同一性を損なうような大修正は許されないとして、国会の増額修正権に制限を加える限界説が多数説です。

4 なお、国会における予算の修正について、国会法は、「予算の修正につき議院の会議で修正の動議を議題とするには、衆議院においては議員五〇人以上、参議院においては議員二〇人以上の賛成を要する。」とし（同法五七条の二）、さらに増額修正については、前述のとおり、内閣に対して、意見を述べる機会を与えなければならないと規定する（同法五七条の三）など、予算の増額修正が安易に又は濫用的になされないような配慮をしています。

六　おわりに

本問は、憲法の規定中の統治機構に関する問題でしたが、この統治機構に関する問題を考えるに当たって必ず理解しておく必要があるのは「国民主権」と「権力分立」の原理です。すなわち、統治機構に関する憲法上の問題点を考えるに当たっては、国民主権と権力分立の原理が、それぞれどのような形で関連する各規定上に反映されているか、という視点を持つことが必要です。そのような観点から、本問でも、まず、国民主権の観点から「財政民主主義」が国の財政についての基本理念になっていることを押さえた上で、それを前提に予算の法的性質を論じ、さらに、予算に関して提案権を持つ内閣と議決権を持つ国会との間で、現実にどのような形で抑制と均衡が図られているかを明らかにする必要があったわけです。

憲法の問題は、抽象的な理念等についての理解を問うものが多いため、難しく感じられるかも知れませんが、憲法の基本原理の十分な理解が全ての出発点になりますので、常に、基本原理に立ち戻って考える習慣を付けることが重要だと思われます。

第15章　地方公共団体の条例制定権

【設　題】

地方公共団体の条例制定権について説明せよ。

【解　説】

一　はじめに

「地方自治は、民主主義の学校である。」といわれ、民主主義に欠くことのできない存在です。そして、この地方自治を担う地方公共団体が制定する条例は、国の制定する法令とともに、住民の権利義務に広い範囲にわたって密接な関係を有し、その日常生活に大きな影響を与えています。さらに、近時、産業の急激な進展、高度化に伴う公害・環境問題などに対処するために、国の法令とは別に地方公共団体独自の創意工夫による条例が多数制定されるようになっており、条例の重要性はますます増大しています。本問は、地方公共団体の条例制定権をめぐる憲法上の諸問題の検討を通じて、地方自治や条例を身近な存在としてとらえていただくことを目的として出題しました。

二　条例の意義、条例制定権の根拠

1　憲法九四条は、「地方公共団体は、その財産を管理し、事務を処理し、及び行政を執行する権能を有し、法律の範囲内で条例を制定することができる。」と規定しています。この地方公共団体の条例制定権は、憲法九二条の「地方自治の本旨」（これは、地方自治が国から独立した団体に委ねられ、団体自らの意思に基づいて行われるという自由主義的要素、地方分権的要素である「団体自治」及び地方自治が住民自らの意思に基づいて行われるという民主主義的要素である「住民自治」の二つの要素からなります。）に基づき、直接には憲法九四条により保障されるものです。したがって、法律により与えられたものではなく、また、法律によって条例制定権自体を奪うことはできません。

ところで、法律という言葉は、広く「法」あるいは「法規」と同じ意味（「実質的意味の法律」といわれます。）に用いられることもありますが、ここでいわれている「法律」とは、国会の議決によって成立する成文法（「形式的意味の法律」といわれます。）を指します。日本国憲法において、「法律」という場合は、多くはこの形式的意味の法律のことを指し、以下、本稿では、「法律」という言葉は、形式的意味の法律の意味で用います。

2　憲法九四条の「条例」の範囲については、①普通地方公共団体（都道府県及び市町村。地方自治法一条の三第一項、第二項）の議会の議決によって制定される条例（地方自治法一四条一項、九六条一項一号。「狭義の条例」といわれることがあります。）のみを指すという見解、②前記①のほか、地方公共団体の長の制定する規則（地方自治法一五条）も含まれるとする見解、③前記①及び②のほか、教育委員会、公安委員会、人事委員会といった地方公共団体の各種委員会の定める規則（地方自治法一三八条の四第二項）も含まれるとする見解があります。憲法が広く地方公共団体が自主立法権を有することを定めていることからすれば、その形式にとらわれず広く「条例」を捉えるべきであるとする③説が多数説です。もっとも、その中で狭義の条例が最も重要であり、後記の三に述べる条例制定権の範囲と限界に関する諸問題も主として狭義の条例をめぐって議論されています。

三　条例制定権の範囲と限界

1　自治事務

地方公共団体は、自治事務（地方公共団体が行うとされている様々な事務。地方自治法二条二項）に関する事項全般について、住民の基本的人権の制限も含めて自主的に条例を制定することができ、法律の委任は不要です（ただし、後記3(2)のとおり条例に罰則を設けることについては法律の委任が必要であるかが議論されています。)。しかし、その反面、条例制定権の範囲は自治事務に関する事項に限定されます。民法典や商法典で定められるべき私法上の基本事項や刑法典で定められるべき刑事犯についての犯罪の創設などは条例の制定の対象ではありません。地方自治法一四条一項が、普通地方公共団体は、法令に違反しない限りにおいて「二条二項の事務に関し」条例を制定することができると規定しているのはその趣旨です。

2　条例による規制の地域的な差異と法の下の平等

それぞれの地方公共団体において様々な条例が制定されることにより、地方公共団体ごとに条例による規制の内容に差異が生じますが、それが憲法一四条の法の下の平等の原則に違反するか否かが問題となります。判例は、「憲法が各地方公共団体の条例制定権を認める以上、地域によって差別が生ずることは当然に予期されることであるから、かかる差別は憲法みずから容認するところであると解すべきである」として(最大判昭和三三年一〇月一五日・刑集一二巻一四号三三〇五頁、福岡県青少年保護育成条例違反事件に関する最大判昭和六〇年一〇月二三日・刑集三九巻六号四一三頁も同旨です。)、条例の制定によって生じる規制の地域的な差異を肯定しています。もっとも、合理的な範囲を超えた差別は憲法一四条一項に違反することになるでしょう。

3　憲法の法律留保事項と条例

憲法上特に法律に留保されている事項（法律で規制するとされている事項）について、条例によって規制できるか、できるとしてもその根拠は何かが問題となります。

(1)　財産権の規制と条例

憲法二九条二項は、「財産権の内容は、公共の福祉に適合するやうに、法律でこれを定める。」と規定し、財産権の制限は「法律で……定める」としていることから、地方公共団体の制定する条例では財産権を制限できないのではないかという疑問が生じます。この点、財産権の内容の規制は法律によらなければならないが、財産権の行使の規制は条例によることも可能であるとの見解もありますが、内容と行使を明確に区別することは困難です。憲法は、地方公共団体に条例制定権を認めており、法律の委任がなければ地方公共団体は財産権に対し一切の制限を定めることができないと解する積極的根拠がないこと、条例は地方公共団体の議会において法律と同様に民主的な手続によって制定される法であること、地方の特殊事情の下での規制についてまで法律を要求することには疑問があることから、条例による財産権の制限も可能と解されます。この問題が争われた奈良県ため池条例事件判決（最大判昭和三八年六月二六日・刑集一七巻五号五二一頁）は明確な判断を示しているとは必ずしもいえませんが、ため池の堤とうに竹木・農作物を栽培したり建物等の工作物の設置を禁止した条例を合憲として、条例による財産権の制限を認めました。そして、現在では、公害規制条例等、条例による財産権の制限が頻繁に行われています。

ただし、問題となっている財産権が一つの地方の利害を超えて広く全国民の利害に関係するものであったり、全国的な取引の対象となり得るものであるような場合には、その制限は原則として法律によらなければならないでしょう。

⑵　条例と罰則

憲法三一条は「何人も、法律の定める手続によらなければ、その生命若しくは自由を奪はれ、又はその他の刑罰を科せられない。」とし「法律」によらない刑罰の禁止を定めています。また、憲法七三条六号ただし書は「政令には、特にその法律の委任がある場合を除いては、罰則を設けることができない。」とし、政令で罰則を制定するに当たり政令への一般的・包括的委任を禁止することを定めています（なお、行政機関によって制定される法規を「命令」といい、命令のうち内閣の制定する命令を「政令」といいます。）。これらの規定はいずれも罰則制定には「法律」によることを原則としており、条例において当該条例の違反行為に対する罰則を設けることができるか、罰則を設けることができるとしても法律の委任が必要かが問題となります。

憲法が地方公共団体に条例制定権を認め、条例が地方公共団体の議会において法律と同様に民主的な手続によって制定される法であることなどから、条例に罰則を設けること自体が許されることにほぼ異論はありません。そして、地方自治法一四条三項も、憲法上、条例に罰則を設けることが許されることを前提に、「普通地方公共団体は、法令に特別の定めがあるものを除くほか、その条例中に、条例に違反した者に対し、二年以下の懲役若しくは禁錮、百万円以下の罰金、拘留、科料若しくは没収の刑又は五万円以下の過料を科する旨の規定を設けることができる。」と規定しています。

次に、法律の委任が必要かについては、法律による条例に対する個別的委任が必要であるとする見解や法律による委任は必要であるが一般的・包括的委任も許されるとする見解もあります。しかし、条例は地方公共団体の議会において法律と同様に民主的な手続によって制定される法である以上、委任を問題とすることなく、当然に罰則を設けることができると解する見解が近時有力であり、この見解によると前記の地方自治法一四条三項の規定はこのような地方公共団体の権限を確認し、刑罰の最高限度を定めたものと理解されます。他方、判例は、罰則を設けるには法律の委任を要するとしながら、「条例は、法律以下の法令といっても、公選の議員をもって組織する地方公共団体の議決を経て制定される自治立法であって、行政府の制定する命令等とは性質を異にし、むしろ国民の公選した議員をもって組織する国会の議決を経て制定される法律に類するものであるから、条例によって刑罰を定める場合には、法律の授権が相当な程度に具体的であり、限定されておればたりると解するのが正当である」としており（最大判昭和三七年五月三〇日・刑集一六巻五号五七七頁）、個別的委任が必要であるとする見解と一般的・包括的委任も許されるとする見解の中間的な見解をとっています。

⑶　条例と課税権

憲法三〇条は「国民は、法律の定めるところにより、納税の義務を負ふ。」とし、また、憲法八四条は「あらたに租税を課し、又は現行の租税を変更するには、法律又は法律の定める条件によることを必要とする。」とし、租税法律主義を採用しています。租税は、国又は地方公共団体が、その経費に充てるために、国民から無償で強制的に徴収する金銭であり、国民の財産権を強制的にはく奪するものですから、租税の種類あるいは課税の根拠だけではなく、納税義務者、課税物件、課税標準、税率等の課税要件や租税徴収の方法等も国の唯一の立法機関である国会により成立する法律によって定めることが要求されるのです。この租税法律主義との関係で、憲法上、地方公共団体に条例に基づく課税権が認められるか否かが問題となります。

この問題については、租税法律主義の「法律」を形式的に解し憲法上地方公共団体に課税権がないとする見解もあります。しかし、憲法九二条の地方自治の本旨や憲法九四条の条例制定権を根拠に憲法上地方公共団体にも課税権があると解し、憲法三〇条、八四条の「法律」には条例も含まれると解する見解が多数説です。この多数説によれば、地方公共団体の課税権を全く否定したりする内容の法律は憲法に違反することになります。そして、地方自治法二二三条は「普通地方公共団体は、法律の定めるところにより、地方税を賦課徴収することができる。」とし、地方税法二条は「地方団体は、この法律の定めるところによって、地方税を賦課徴収することができる。」とし、また、地方税法三条一項は「地方団体は、その地方税の税目、課税客体、課税標準、税率その他賦課徴収について定をするには、当該地方団体の条例によらなければならない。」としていますが、前記の多数説によれば、これらの地方自治法等の規定は確認的な規定ということになります。もっとも、この多数説によっても、地方公共団体の課税権の具体的な内容が国の税制度によって相当程度規定されることは避けられません。

4　法令との矛盾・抵触

条例は憲法に反してはならないのは当然ですが、さらに、憲法九四条は、「法律の範囲内で」条例制定権を認めており、条例は国会が制定する法律に反してはならないという限界があります。また、地方自治法一四条一項は、「法令に違反しない限りにおいて」条例を制定できるとしており、この「法令」には法律のほかに行政機関が制定する法規である政令その他の命令が含まれることから、条例は命令にも反してはならないこととなります。そして、自治事務に属する事項であっても、国が国全体の利益などに配慮して当該事項について全国一律に適用される法律を制定することがあり、このような場合、当該法律に矛盾・抵触する条例は無効ということになります。しかし、実際上、どのような場合に条例が法令と矛盾・抵触するかは微妙です。

かつては、ある法律がいったんその規制対象とした事項については、同一の目的や趣旨をもって条例で更に規制することは、法律の別段の規定のない以上許されないという考え方（国法先占理論と呼ばれます。）が多数説でした。しかし、国法先占理論に立っても、少なくとも別の目的や趣旨であれば同一の対象について条例を制定することは可能です。さらに、一九六〇年代以降、公害問題が深刻になるにつれて、地方公共団体が住民の健康を守るため国の規制よりも厳しい規制条例（法律の定める規制基準より厳しい基準を定める「上乗せ条例」や法律の定める規制対象よりも規制対象を拡大する「横だし条例」）を制定するようになりましたが、国法先占理論によると、上乗せ条例や横だし条例は許されないこととなり、条例制定権の範囲を狭め、地方自治の本旨にも反します。そこで、最近の学説の一般的な傾向としては、法律が全国を通じて確保すべき最小限を定めるにとどまるときは、地方公共団体が地方の実情による必要に応じてより厳しい規制条例を制定することも許容されるとする見解が有力になりました。そして、最近の法律にはその趣旨を明文で定めているものもあります（大気汚染防止法四条一項、騒音規制法四条二項、水質汚濁防止法三条三項）。

この問題について、判例は、集団行進の道路交通法による規制と市の公安条例による規制の競合が問題とされた徳島市公安条例事件判決（最大判昭和五〇年九月一〇日・刑集二九巻八号四八九頁）において、「条例が国の法令に違反するかどうかは、両者の対象事項と規定文言を対比するのみでなく、それぞれの趣旨、目的、内容及び効果を比較し、両者の間に矛盾抵触があるかどうかによってこれを決しなければならない。例えば、ある事項について国の法令中にこれを規律する明文の規定がない場合でも、当該法令全体からみて、右規定の欠如が特に当該事項についていかなる規制をも施すことなく放置すべきものとする趣旨であると解されるときは、これについて規律を設ける条例の規定は国の法令に違反することになりうるし、逆に、特定事項についてこれを規律する国の法令と条例とが併存する場合でも、後者が前者とは別の目的に基づく規律を意図するものであり、その適用によって前者の規定の意図する目的と効果をなんら阻害することがないときや、両者が同一の目的に出たものであっても、国の法令が必ずしもその規定によって全国的に一律に同一内容の規制を施す趣旨ではなく、それぞれの普通地方公共団体において、その地方の実情に応じて、別段の規制を施すことを容認する趣旨であると解されるときは、国の法令と条例との間にはなんらの矛盾抵触はなく、条例が国の法令に違反する問題は生じえないのである。」と判示しました。この判決は、法令の規制が全国的に一律に同一内容の規制を施す趣旨であれば、上乗せ条例や横だし条例は許されないが、法令の規制が全国的に一律に同一内容の規制を施す趣旨ではなく最低水準を定めていると解されれば、上乗せ条例や横だし条例は許されるとするもので、前記の最近の学説の一般的傾向と同様の考え方を示すものといえます。

四　おわりに

地方公共団体の条例制定権は、従来から論じられてきた重要な問題であり、論点も多岐にわたります。しかし、まずは、地方公共団体の条例制定権が憲法により地方自治の本旨に基づき認められたものであることを押さえた上、条例が地方公共団体の議会において法律と同様に民主的な手続によって制定される成文法である点を十分に踏まえて、学習していただきたいと思います。

第16章　違憲判決の効力

【設　題】
ある法令が裁判所によって違憲判決を受けた場合、その法令の効力はどうなるか。反対説を批判して自説を述べよ。

【解　説】
一　はじめに

本設題は、いわゆる違憲判決の効力を問う問題です。違憲判断の方法としては、当該法令の存在自体を違憲とする法令違憲と、ある法令が当該事件に適用される限りにおいて違憲とする適用違憲とがありますが、本問の場合、法令違憲の場合を問う趣旨であると考えられます。

二　違憲法令審査権の性格

1　問題の所在

ところで、裁判所がある法令を違憲と断じた場合の法令の効力については、後に改めて述べるとおり、①客観的に効力を失い無効となるのか、②当該事件との関係で無効となり適用されないというにとどまり法律としての効力はなお存続すると解するのか、さらには、③いずれの効力を有するのかは法律に委任されていると解するのかという争いがありますが、この問題は、我が憲法が採用する違憲審査制の基本的性格をどのように解するのか、が前提事項として係わってきますので、まずこの点を検討してみましょう。

憲法八一条は、「最高裁判所は、一切の法律、命令、規則又は処分が憲法に適合するかしないかを決定する権限を有する終審裁判所である。」と規定しています。これは九八条一項が、「この憲法は、国の最高法規であって、その条規に反する法律、命令、詔勅及び国務に関するその他の行為の全部又は一部は、その効力を有しない。」として、最高法規性を宣言していますが、これを担保する機能を営むことを意味します。すなわち、ある国家行為の合憲性が問題となったときに、憲法に照らしその有効・無効を決定して違憲状態を除去し合憲状態を回復することにより、憲法の最高法規性を手続的に保障しようとするものです。いわば憲法の保障に違憲審査権の目的があることになります。しかしながら、八一条以下には違憲審査権の具体的な行使方法については何ら定めていません。そこで、違憲審査権のもつ最高規範性確保機能をどの程度重視するのか、事件争訟性を欠いたままの法令審査が許容されるのか、すなわち、憲法裁判所としての機能を持たせることの許否が問題となるわけです。

2　付随的審査制（司法裁判所説）

具体的な事件を裁判するに当たり、その前提として当該事件に適用すべき法律が違憲でないかを審査するにとどまると解する見解があり、これが学説上多数を占めているといわれています。判例（最判昭和二七年一〇月八日・民集六巻九号七八三頁）が採用している見解でもあります。あくまで司法の本質は、具体的な事件について法規を解釈適用して争訟を解決するところにあるのであって、そのような国家作用をつかさどる司法権（七六条）の権能の一つとして違憲審査権が認められているにすぎず、司法作用を離れた別個独立の権限ではないと解するものです。

3　抽象的審査制（憲法裁判所説）

この説は、裁判所は法を維持し、解釈することを本来の任務とするものであるから、具体的事件について違憲審査をなし得ることは司法の本質からみて当然のことであって、それにもかかわらずあえて八一条が明文で違憲審査権を規定したのは、憲法保障的観点を重視したものであるとして、法理上当然に裁判所は、何ら具体的な訴訟事件が提起されなくても、一般的・抽象的に法律の違憲性を審査することができると解する見解です。八一条の存在を重視するとともに、違憲審査権が憲法の最高規範性を確保するための必要かつ有効な権能であることを重視するものといえます。

4　抽象的審査制と解する見解が、具体的事件の審理・判断に付随して合憲性審査ができるのは当然であると理解するのは明文がない以上やはり困難であって、むしろ抽象的に憲法適合性を判定できるのであれば、より具体的な権限、手続、構成などが規定されているのが当然と解されるところ、そのような規定が一切存在しないのは、やはり七六条の司法権を前提とする付随的審査にとどまると理解すべきです。判例・多数説が八一条について、付随的審査制を前提とするものであると理解するのには、十分な理由があるといえるでしょう。

三　違憲判決の効力

1　問題の所在

それでは、本題について検討することとしましょう。違憲判決の効力をどのように把握すべきかについては、以下に述べるとおり、憲法保障機能、権力分立構造、法的安定性等の観点が議論を分かれさせているポイントのようです。大きく分けて三説に分かれています。

2　一般的効力説

この説は、裁判所によって違憲と判断された法令は当該訴訟において適用されないだけでなく、一般的・客観的にその効力を失うとするものです。ちなみに、さきに検討した違憲審査制の性格との関係では、抽象的審査制となじむ見解といえますが、論理必然的な結びつきがあるとまではいえないことに留意する必要があります。なぜなら、付随的審査制と解する見解に立っても、違憲審査制のもつ憲法保障機能を重視すれば、違憲判決の効力を強化すべきであると解することも十分に可能だからです。別の角度からいうと、付随的審査制か抽象的審査制かという問題は、違憲判断に入るに際し、具体的な事件争訟性を要するかどうかという問題であって、具体的事件の解決に付随して憲法判断をすることとなった場合のその結果としての効力をどのように解するかという問題とは、別問題といえるからです。

この一般的効力説が根拠とするところは、①裁判所によって違憲と判断された法令が当該訴訟においてのみ無効の取扱いを受け、その他との関係では依然として効力を有するとすれば、不平等・不公平が生じると共に、法的安定性、予見可能性が奪われ妥当でないこと、②九八条一項は、憲法の条規に反する国家行為はすべて「効力を有しない」と明確に宣言していること、③八一条の文言の上でも、裁判所には問題となっている国家行為が憲法に適合するかしないかを「決定する」権限が与えられているのであり、憲法保障機能を実質化させる観点からは法令の廃止の効果を認めてしかるべきであること、などの点にあるとされています。

3　個別的効力説

これに対し、裁判所によって違憲と判断された法令は、当該訴訟においてそれが適用されないというにとどまり、法令自体が効力を失うものではないと解する見解があります。これは、①我が憲法下における違憲審査は、具体的訴訟に付随してその具体的事件を解決するために行われるのであり、法律の合憲性・違憲性を確定すること自体を目的とするものではないこと、②ある具体的事件に対する裁判において、ある法律について違憲判断がなされた場合、その判断は、当該法律が違憲であることの判例となるため、同種の事件については、判例の先例拘束性により、再び同様な判断がなされることが多いであろうから、実務上は、法的には個別的効力とはいっても、その法律が違憲であることの効力は、事実上、一般的となると解され、法的安定性・予見可能性が害されることはないこと、③一般的効力説によると、裁判所に消極的な意味での立法作用を付与することとなり、権力分立構造（特に、国会をもって唯一の立法機関とする四一条との関係において）と矛盾することなどを根拠としています。

4　法律委任説

さらに、前記のいずれの見解によっても問題の解決として十分ではないことなどから、違憲判決の効力は、法律の定めるところによるとする見解もあります。しかし、この説に立つとしても、現在のところ、違憲判決の効力を規定する法律は制定されていませんので、一般的効力説的に説明するか、個別的効力説的に説明するかという態度決定を迫られており、やはり問題の解決にはなっていないとの批判もあります。

5　まとめ

司法権は、具体的な法律上の紛争について発動されるものであって、その一内容としての違憲審査制も一般的・抽象的な法律解釈のために発動されるものではないという付随的審査制の観点から理解する以上、その裁判の効力も、具体的事件の解決に限定されるべきものと解すべきであると思われます。

ただし、ここでの議論を理解する上で大切なことは、まず、抽象的審査制か付随的審査制かという性格決定の問題から直ちに論理必然的に違憲判決の効力いかんの問題が決定されるというわけではないことに留意することです。そして、結局、違憲判決の効力という問題は、違憲審査制の目的である憲法規範の保障、基本的人権の確保のための手続的保障をどのように実質化するかという観点に立った上での政策的問題ということになります。違憲審査権を有する司法権もまた統治機構の一翼を担っているわけですが、そもそも統治機構をどのような形態とするのかということ自体、人権保障・権力の抑制を実効あらしめられるかなどの点を考慮してなされた政策的判断に基づく側面があることは否定できないと思われます。このように統治構造自体が高度の政策的判断によるものである以上、その一断面である違憲判決の効力論も、統治構造の枠内で、調和的で、しかも、憲法保障をいかに有効に実現し得るかという観点から検討される問題といえるでしょう。

このようにみてくると、統治機構に関する諸規定の意味するところを探索して、違憲判決の効力の問題の位置づけを図る必要があることになりますが、その一つとして、最高裁判所裁判事務処理規則一四条は、法令が違憲の判決を受けたときは、裁判所は、その要旨を官報に公告するほか、裁判書の正本を内閣に送付し、特に法律を違憲であるとしたときは、その正本を国会にも送付する旨規定していることに注目しなければなりません。これは、権力分立構造の中で違憲判決の問題を調和的に位置づけ、違憲判決の事後措置をそれぞれの法令の制定権者の意思を尊重して委ねる趣旨であることが読みとれます。そうだとすると、このような手続の存在からも我が憲法の解釈としては、個別的効力説によるのが相当であるというべきでしょう。

なお、最大決平成二五年九月四日・民集六七巻六号一三二〇頁は、平成二五年一二月改正

前の民法九〇〇条四号ただし書前段の規定（嫡出でない子の相続分を嫡出子の相続分の二分の一とする部分）は遅くとも平成一三年七月当時において憲法一四条一項に違反していたとした上で、右判断は、右当時から同判断時までの間に開始された他の相続につき、同号ただし書前段の規定を前提としてされた遺産の分割の審判その他の裁判、遺産の分割の協議その他の合意等により確定的なものとなった法律関係に影響を及ぼすものではないと判示していますが、この判示は、違憲判決の効力につき個別効力説を前提とした上で、右違憲判断の先例としての事実上の拘束性について、法的安定性を害することのないよう、その効果の及ぶ範囲を制限したものと考えられます。

…………………………… 54
平15.9.12判（民集57.8.973）
…………………………… 58
平16.1.14判（民集58.1.56）
……………………………124
平17.1.26判（民集59.1.128）
…………………………… 30
平18.10.4判（民集60.8.2696）
……………………………124
平19.6.13判（民集61.4.1617）
……………… 115, 123, 124
平21.9.30判（民集63.7.1520）
……………………………124
平23.3.23判（民集65.2.755）
…………………………115, 123
平24.10.17判（民集66.10.3311）
…………………………124, 125
平25.9.4判（民集67.6.1320）
……………………………205

高等裁判所

昭29.9.22東京高判（行裁例集5.9.2181）…………………165
平13.2.5東京高判（判時1691.91）
…………………………… 54
平16.3.31東京高決（判時1865.12）……………………… 55

地方裁判所

昭28.10.19東京地判（行裁例集4.10.2540）………………165
昭39.9.28東京地判（下民集15.9.2317）…………………… 52
昭62.11.20東京地判（判時1258.22）……………………… 52
平16.3.19東京地決（判時1865.18）……………………… 55

……………………………… 56
昭57.7.7判（民集36.7.1235）
………………………………138
昭58.4.27判（民集37.3.345）
……………… 124, 125, 126
昭58.11.7判（民集37.9.1243）
………………………………115
昭60.7.17判（民集39.5.1100）
………………………………115
昭60.10.23判（民集39.6.413）
………………………………189
昭61.6.11判（民集40.4.872）
……………………………… 50
昭62.4.22判（民集41.3.408）
……………… 101, 103, 106
昭63.10.21判（民集42.8.644）
………………………………115
昭63.12.20判（判時1302.94）
……………………………… 61
平元.1.20判（刑集43.1.1）
………………………………72, 89
平元.3.7判（判時1308.111）
……………………………… 89
平3.9.3判（判時1401.56）… 63
平4.11.16判（裁判集民事166.575）……………………… 29
平4.12.15判（民集46.9.2829）
……………………………… 71
平5.1.20判（民集47.1.67）
………………………………115
平5.6.25判（判時1475.59）
……………………………… 70
平6.2.8判（民集48.2.149）
……………………………… 53
平7.2.28判（民集49.2.639）
……………………………… 30
平7.9.5判（判時1546.115）
……………………………… 57
平7.12.15判（刑集49.10.842）
……………………………… 57
平8.3.19判（民集50.3.615）
……………………………… 34
平8.9.11判（民集50.8.2283）
………………………124, 125
平10.9.2判（民集52.6.1373）
………………………………124
平11.11.10判（民集53.8.1441）
………………………………115
平12.2.8判（刑集54.2.1）… 72
平12.2.29判（民集54.2.582）
……………………………… 60
平12.9.6判（民集54.7.1997）
………………………………124
平14.9.24判（判時1802.60）
……………………………… 54
平15.3.14判（民集57.3.229）

判　例　索　引

最高裁判所

昭23.9.29判（刑集2.10.1235）……141
昭27.1.9判（刑集6.1.4）…109
昭27.10.8判（民集6.9.783）……5, 200
昭28.12.23判（民集7.13.1523）……109, 111
昭30.1.26判（刑集9.1.89）……72, 89
昭32.6.19判（刑集11.6.1663）……28
昭33.10.15判（刑集12.14.3305）……189
昭35.6.8判（民集14.7.1206）……6, 171
昭37.5.30判（刑集16.5.577）……193
昭38.6.26判（刑集17.5.521）……108, 110, 190
昭42.5.24判（民集21.5.1043）……6, 135
昭43.11.27判（刑集22.12.1402）……110, 112
昭44.11.26判（刑集23.11.1490）……33
昭44.12.24判（刑集23.12.1625）……56
昭45.6.24判（民集24.6.625）……33
昭47.11.22判（刑集26.9.586）……70, 79, 105
昭48.10.18判（民集27.9.1210）……111
昭48.12.12判（民集27.11.1536）……42
昭49.7.19判（民集28.5.790）……42
昭50.4.30判（民集29.4.572）……71, 79, 105, 106
昭50.9.10判（刑集29.8.489）……196
昭51.4.14判（民集30.3.223）……114
昭53.10.4判（民集32.7.1223）……28
昭56.3.24判（民集35.2.300）……42
昭56.4.14判（民集35.3.620）

たばこ事業法

地方自治法

地方税法

統計法

内閣法

売春防止法

弁護士法

薬事法（昭和50年法律第37号による改正前のもの）

小売商業調整特別措置法

国籍法

国会法

国家公務員法

最高裁判所裁判事務処理規則

財政法

裁判所法

司法書士法（平成14年法律第33号による改正前のもの）

衆議院議員選挙区画定審議会設置法（区画審設置法）

森林法（昭和62年法律第48号による改正前のもの）

水質汚濁防止法

生活保護法

騒音規制法

大気汚染防止法

大日本帝国憲法

民　法

民　法（平成16年法律第147号による改正前のもの）

民　法（平成25年法律第94号による改正前のもの）

刑　法

公衆浴場法

公職選挙法

公職選挙法（平成6年法律第2号等による改正前のもの）

条 文 索 引

憲 法

ま　行

や　行

ら　行

わ　行

た　行

な　行

は　行

さ 行

事　項　索　引

あ　行

か　行

〈監修者紹介〉

青　柳　　　馨（あおやぎ　かおる）

昭和22年生まれ
東京大学法学部卒業
司法修習終了後、東京地裁判事補、最高裁事務総局行政局付、東京国税不服審判所国税審判官、東京高裁判事職務代行、最高裁調査官、大阪高裁判事、東京地裁部総括判事、知財高裁判事、宇都宮家裁所長、東京高裁部総括判事等を経て
日本大学大学院法務研究科教授
弁護士

設題解説　憲　　法（二）　　書籍番号・312011

平成27年1月30日　第1版第1刷発行

監　修　青　柳　　　馨
発行人　菅　野　雅　之
発行所　一般財団法人　法　曹　会

〒100-0013　東京都千代田区霞が関1-1-1
振替 00120-0-15670・電話 03-3581-2146
http://www.hosokai.or.jp/

落丁・乱丁はお取替えいたします。　印刷製本／(株) ディグ

ISBN 978-4-908108-11-2